U0676735

《左传》文章艺术研究

杨 华 著

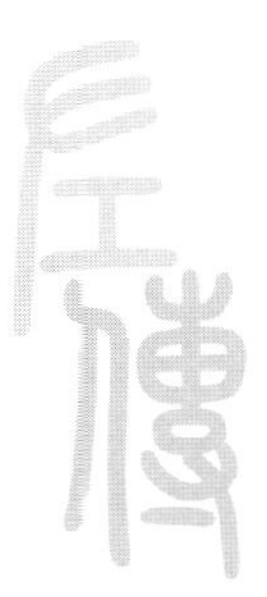

暨南大學出版社
JINAN UNIVERSITY PRESS

中国·广州

图书在版编目（CIP）数据

《左传》文章艺术研究/杨华著．—广州：暨南大学出版社，2019.6
ISBN 978－7－5668－2590－2

Ⅰ．①左…　Ⅱ．①杨…　Ⅲ．①《左传》—文学研究　Ⅳ．①I206.2

中国版本图书馆 CIP 数据核字（2019）第 046985 号

《左传》文章艺术研究
ZUOZHUAN WENZHANG YISHU YANJIU
著　者：杨　华

出 版 人：徐义雄
策划编辑：曾鑫华
责任编辑：吴　庆
责任校对：冯月盈
责任印制：汤慧君　周一丹

出版发行：暨南大学出版社（510630）
电　　话：总编室（8620）85221601
营销部（8620）85225284　85228291　85228292（邮购）
传　　真：（8620）85221583（办公室）　85223774（营销部）
网　　址：http：//www.jnupress.com
排　　版：广州市天河星辰文化发展部照排中心
印　　刷：佛山市浩文彩色印刷有限公司
开　　本：787mm×960mm　1/16
印　　张：13.75
字　　数：188 千
版　　次：2019 年 6 月第 1 版
印　　次：2019 年 6 月第 1 次
定　　价：48.00 元

目　录

绪 论

《左传》是《春秋左氏传》的简称，四库归在经部，认为它是解释《春秋》的一种著作。同时它也是一部史书，记载了从鲁隐公元年（公元前722年）至鲁哀公二十七年（公元前468年）共255年的历史。历史上关于《左传》的研究著作也大都偏重于经学和史学的视野，对其文章技巧、特色方面的探讨相对而言比较薄弱，即便稍有涉及也显得零碎、驳杂，并且在相当长的一段时间内都是寄附于经学、史学的夹缝之中。

唐以前有少数学者、文士或直接或间接地从文学意义上考察过《左传》。晋杜预针对《左传》文章的总体风格评价道："其文缓，其旨远。"① 又就其行文特点云："故发传之体有三，而为例之情有五：一曰微而显，文见于此而起义在彼……二曰志而晦……三曰婉而成章……四曰尽而不汙……"② 其中，"微而显""婉而成章""文见于此而起义在彼"等，与文学创作中对"辞约旨远""含蓄蕴藉""言外之意"等追求息息相通。其又就《左传》与《春秋》的关系发论："故传或先经以始事，或后经以终义，或依经以辨理，

① 左丘明传，杜预注，孔颖达疏，陆德明音义：《春秋左传注疏》，《景印文渊阁四库全书》，经部第143册，台湾商务印书馆1986年版，第19页。

② 左丘明传，杜预注，孔颖达疏，陆德明音义：《春秋左传注疏》，《景印文渊阁四库全书》，经部第143册，台湾商务印书馆1986年版，第22页。

或错经以合异。”① 对此林纾论道：“鄙意元凯此言不惟解经，已隐开后世行文之途辙。所谓先经者，即文之前步；后经者，即文之结穴；依经者即文之附圣以明道；错经者即文之旁通而取证。”② 这不但说明了《左传》解经具有固定的几种方式，同时也反映出《左传》行文的模型化特点。

朱彝尊《经义考》卷169《春秋》二云：“王接曰：‘左氏辞义赡富，自是一家书，不主为经发。’”“荀崧曰：‘……其书善礼，多膏腴美辞，张本继末以发明经意，信多奇伟，学者好之。’”“范宁曰：‘左氏艳而富，其失也巫。’”③《北堂书钞》卷95《春秋》五“文采若云月，高深若山海”句下有注曰：“贺子云：‘左氏之传，史之极也，文采若云月，高深若山海。’”④ 王接、荀崧、范宁（东晋学者）、贺子（即贺循，南朝陈文人）以上诸家所言之“辞义赡富”“多膏腴美辞”“艳而富”“文采若云月”，实际上都是就《左传》的文学特点而言的。

唐代刘知幾在他的《史通》里高度赞扬了《左传》的文学价值，其《载言》篇云：“逮左氏为书，不遵古法，言之与事，同在传中。然而言事相兼，烦省合理，故使读者寻绎不倦，览讽忘疲。”⑤ 反映出其对《左传》文学性、趣味性的看重，并涉及《左传》的言语和叙事。其《模拟》篇曰：“盖左氏为书，叙事之最。

---

① 左丘明传，杜预注，孔颖达疏，陆德明音义：《春秋左传注疏》，《景印文渊阁四库全书》，经部第143册，台湾商务印书馆1986年版，第18页。

② 林纾：《左传撷华·序》，商务印书馆民国十年版。

③ 朱彝尊：《经义考》（三），《景印文渊阁四库全书》，经部第679册，台湾商务印书馆1986年版，第308页。

④ 虞世南：《北堂书钞》，中国书店1989年版，第364页。

⑤ 刘知幾著，浦起龙释：《史通通释》，上海古籍出版社1978年版，第34页。

自晋已降，景慕者多，有类效颦，弥益其丑。"① 刘氏对《左传》文学性的认识比较完整的叙述见于外篇《杂说》：

> 左氏之叙事也，述行师则簿领盈视，哤聒沸腾；论备火则区分在目，修饰峻整；言胜捷则收获都尽；记奔败则披靡横前；申盟誓则慷慨有余；称谲诈则欺诬可见；谈恩惠则煦如春日；纪严切则凛若秋霜；叙兴邦则滋味无量；陈亡国则凄凉可悯。或腴辞润简牍，或美句入咏歌，跌宕而不群，纵横而自得。若斯才者，殆将工侔造化，思涉鬼神，著述罕闻，古今卓绝。如二传之叙事也，榛芜溢句，疣赘满行，华多而少实，言拙而寡味，若必方于左氏也，非惟不可为鲁卫之政，差肩雁行，亦有云泥路阻，君臣礼隔者矣！②

在这段话中，刘知幾实际上是从叙事能力、文字功夫、才思学识以及与公、谷二传高下比较等几个方面，充分肯定了《左传》的叙事成就。

唐代韩愈、柳宗元的散文创作无疑也受到了《左传》的影响，但在韩柳文章中对此并无多少阐述。韩愈《进学解》云："《春秋》谨严，《左氏》浮夸。"③ 所谓"浮夸"，说明韩昌黎关注到了《左传》文辞富丽的一面。柳宗元《报袁君陈秀才避师名书》谈论为文

---

① 刘知幾著，浦起龙释：《史通通释》，上海古籍出版社 1978 年版，第 222 页。

② 刘知幾著，浦起龙释：《史通通释》，上海古籍出版社 1978 年版，第 451 页。

③ 韩愈著，马其昶校注：《韩昌黎文集校注》，上海古籍出版社 1986 年版，第 6 页。

次第曰："大都文以行为本，在先诚其中。其外者当先读六经，次《论语》、孟轲书，皆经言；左氏、《国语》、庄周、屈原之辞，稍采取之。"① 庄周、屈原之词的共同点是文学性极为浓郁，柳宗元将《左传》与之并列仍是着眼于其文辞华瞻、文采可观。

到了宋代，文话、评点及文章选本等著作不断涌现，关于《左传》的文章命意、行文技巧、修辞设色等方面的研究才渐成次第。文话著作如陈骙的《文则》，其在诸如文体、修辞等许多问题中涉及《左传》文章的研究。如其论文章的篇章结构时说：

> 载事之文，有先事而断以起事也，有后事而断以尽事也。如《左氏传》欲载晋灵公厚敛雕墙，必先言："晋灵公不君"，……如《左氏传》载晋文公教民而用，卒言之曰："一战而霸，文之教也。"又载晋悼公赐魏绛和戎乐，卒言之曰："魏绛于是乎始有金石之乐，礼也。"若此类皆后断以尽事也。②

又如张镃《仕学规范·作文》有云：

> 《左氏》之文语有尽而意无穷，如"献子辞梗阳人"一段，所谓一唱三叹，有遗音者也。如此等处，皆是学文养气之本，不可不深思也。……班固叙事详密有次第，专学《左氏》，如叙霍、上官相失之由，正学《左氏》记秦

① 柳宗元：《柳宗元集》（第三册），中华书局1979年版，第880页。

② 王水照编：《历代文话》（第一册），复旦大学出版社2007年版，第154－155页。

穆、晋惠相失处也。①

此类文话著作一般都只是零散地涉及《左传》文章某些方面的特点和价值，但自此开始已具备了自觉的文章学意识。宋代《左传》评点发轫于吕祖谦，其研究《左传》著有三书：《左氏博议》《左氏传说》和《左氏传续说》。《左氏博议》，二十五卷，其《原序》开门见山地说道："《左氏博议》者，为诸生课试之作也。"②可见其宗旨所在。是书先录《左传》原文，再予评论。吕氏自谓"取左氏书理乱得失之迹，疏其说于下"③，为说求新别创，多有发明。《左氏传说》一书持论与《博议》略同，该编自隐公至哀公共分二十卷，每文先标出《左传》文目，遽以评论，不录原文。其卷首有《看左氏规模》一文，开篇即云："看《左传》须看一代之所以升降，一国之所以盛衰，一君之所以治乱，一人之所以得失。"④这些论点对后代的《左传》研究者多有启迪，后世视《左传》通部为一大篇文字或即肇端于此。其论《郑伯克段于鄢》有云："……（郑庄公）于其未发待之，甚缓；于其已发追之，甚急。公之于段始如处女，敌人开户后如脱兔……此左氏铺叙好处，以十分笔力写十分人情……"⑤ 此亦为后世论《左传》所撷取，"处女""脱兔"

① 王水照编：《历代文话》（第一册），复旦大学出版社2007年版，第323页。

② 吕祖谦：《左氏博议》，《景印文渊阁四库全书》，经部第152册，台湾商务印书馆1986年版，第296页。

③ 吕祖谦：《左氏博议》，《景印文渊阁四库全书》，经部第152册，台湾商务印书馆1986年版，第296页。

④ 吕祖谦：《左氏传说》，《景印文渊阁四库全书》，经部第152册，台湾商务印书馆1986年版，第4页。

⑤ 吕祖谦：《左氏传说》，《景印文渊阁四库全书》，经部第152册，台湾商务印书馆1986年版，第6页。

之喻，清初冯李骅等尤有会心。《左氏传续说》虽曰“续”，但体例却不相同，是编共十二卷，不录全文，仅录相关之文句，附论于其后。吕氏此三书于后世评点影响深远，于经、史之学自毋庸置疑，后世文学评点取资于此所在亦多。稍后，理学家真德秀编选《文章正宗》，首次将《左传》选入文章总集，打破了《文选》不选史传文的陈规，其后文学选本选录《左传》文章蔚然成风。

明清时期关于《左传》的选本和评点著作有如雨后春笋。明代因古文辞派“诗必盛唐，文必秦汉”的文学主张，《左传》《史记》等史书开始进入评点领域，成为文学家寻绎周秦文章特质、语言风貌的凭借。明清科举时文写作的现实需要、“以古文为时文”的观念普遍盛行，对《左传》评点著作的兴盛有着推波助澜的作用，许多评点著作的初衷就是为指导八股制艺而作的。随着戏曲小说的兴盛，明代坊间戏曲小说评点颇为流行，金圣叹就曾将《左传》与杜诗、《水浒传》、《西游记》等当作“才子书”加以评点。清初的康熙帝非常喜爱《左传》，并对其进行过评点①，使古文评点高居庙堂，一时形成《左传》评点之盛，对《左传》评点影响深远的巅峰之作如《左传评》《左绣》《左传义法举要》等书即成于此时。这个时期及此后的《左传》评点或选本许多依然是从经学或史学的角度出发的，但也不乏纯粹的文章学著作。现择其要者胪列于下，以观大概。

明代关于《左传》的评点、选本有：

汪道昆撰，周光镐注《春秋左传节文注略》十五卷。② 此书以

① 在康熙的《御制文集》中，关于传统典籍的评论共计 1396 条，其中仅《左传》就有 86 条。参黄建军：《康熙论〈左传〉的辞令》，《理论界》，2007 年第 4 期。

② 见《四库未收书辑刊》（第 2 辑第 10 册），北京出版社 2000 年版。

释经为主，但页面天头间或标有“章法”“句法”“字法”“辞令”“议论”“叙事”等字样，却只明其然而不道其所以然。

唐顺之编选《文编》六十四卷。① 唐顺之，古文名家。此书按文体编排，部分文体录选《左传》并以之冠于该体之首。

何乔新编《左传撷英》三卷。《左传撷英序》云：“予少读昌黎、河东二家文，爱其叙事竣洁，摛词丰润，及读《春秋左氏传》，乃知二家之文皆宗左氏，如韩之《田弘正家庙碑》《益晋行状》，柳之《封建论》《梓人传》，玩其词而察其态度，宛然左氏之矩矱也……录其尤可爱者百余篇，厘为三卷，题为《左传撷英》，加以批点。”② 从序中即可见作者学习古文取则的途径——由唐之韩、柳而溯于先秦之《左传》，此也即其编选的宗旨。

归有光撰《文章指南》不分卷。③ 此书体例仿宋吕本中《古文关键》。《文章指南原序》谓：“迨吕谢二公选作乃合群本而淘汰之，代不数人，人不数篇，或名曰关键，或名曰轨范，可谓得其要矣，独惜秦汉之未备也。”④ 加录秦汉文章，从其去取抉择之中也可见其编选之用心所在。又云：“粤自萧统裒集以来，群本杂出，非病于汗牛充栋则病于鱼目混珠，甚无补于举业。”⑤ 其为指导八股文写作而编选的宗旨可见一斑。

---

① 见《景印文渊阁四库全书》，集部第 1377 – 1378 册，台湾商务印书馆 1986 年版。

② 何乔新：《椒邱文集》卷九，《景印文渊阁四库全书》，集部第 1249 册，台湾商务印书馆 1986 年版，第 137 – 138 页。

③ 见《四库全书存目丛书》，集部第 315 册，齐鲁书社 1997 年版。

④ 《四库全书存目丛书》，集部第 315 册，齐鲁书社 1997 年版，第 623 页。

⑤ 《四库全书存目丛书》，集部第 315 册，齐鲁书社 1997 年版，第 623 页。

穆文熙辑《春秋左传评苑》三十卷首一卷。[①] 此书盖与《国语评苑》《国策评苑》合刻。其体例为用杜预注，陆德明音义，再取诸家评语刻于页面天头，为评点集合之类纂。其书的末尾内扉页有框印云："本堂敦请名士精校之，以为儿辈举业之一助耳。"可见其书也是为指导科举时文而写。

刘祜编《文章正论》十五卷绪论五卷。[②] 陆钟化序云："故是辑也有三善焉：先六经之凡而后及诸家，源流审矣；无论体裁，惟明义理切世用，是非不谬于圣人者收焉，矩矱端矣；高文大篇，世所珍嗜而不轨于正，概置附集，别以绪论，义例严矣。"[③] 其自序亦曰："惟明义理、切世用，羽翼六经，是非不谬，于圣言者取之，欲学者格物穷理反诸身而实践之耳。"[④] 其自觉因袭《文章正宗》的编选宗旨和体例，甚至连书名也有因袭的嫌疑，可谓名副其实。

明代关于《左传》文章研究比较重要的此类著作还有：穆文熙辑评《左传鸿裁》十二卷（清华大学图书馆藏），《左传抄评》十二卷（华东师范大学图书馆藏），张鼐选评《镌侗初张先生评选左传隽》四卷（上海图书馆藏明末书林萧少衢师俭堂刻本），陈仁锡编《续古文奇赏》三十四卷[⑤]，方岳贡编《历代古文国玮集》一百四十一卷[⑥]等。

---

① 见《四库全书存目丛书》，子部第163册，齐鲁书社1997年版。

② 见《四库全书存目丛书》，集部第309册，齐鲁书社1997年版。

③《四库全书存目丛书》，集部第309册，齐鲁书社1997年版，第423页。

④《四库全书存目丛书》，集部第309册，齐鲁书社1997年版，第425页。

⑤ 见《四库全书存目丛书》，集部第353－354册，齐鲁书社1997年版。

⑥ 方岳贡编：《历代古文国玮集》，齐鲁书社1997年版。

清代关于《左传》的评点、选本有：

徐乾学编选《御选古文渊鉴》六十四卷。① 此编有康熙御制序，为康熙二十四年内阁学士徐乾学奉敕而编。卷一、二、三、四选《左传》文，其后继以《国语》《公羊传》《战国策》……止于宋谢枋得。评点都以眉批的形式出现。《四库总目》论及该书云："所录上起《春秋左传》，下迨于宋，用真德秀《文章正宗》例；而睿鉴精深、别裁至当，不同德秀之拘迂。名物训诂，各有笺释，用李善注《文选》例；而考证明确、详略得宜，不同善之烦碎。每篇各有评点，用楼昉《古文标注》例，而批道窾要、阐发精微，不同昉之简略。备载前人评语，用王霆震《古文集成》例；而汇罗赅备，去取谨严，不同霆震之芜杂。诸臣附论各列其名，用五臣注《文选》例；而夙承圣训，语见根源，不同五臣之疏陋。"② 此书可以说是集中反映了当时所谓正统思想主导下的文章选本。

金圣叹《唱经堂左传释》不分卷。③ 此书只释《郑伯克段于鄢》《周郑始交恶》《宋公和卒》三篇，以作文法评论《左传》，钩剔字句，寻求语脉，推阐左氏行文之妙，而不拘于经义，与他评小说、戏曲、古文同一态度，是一部比较纯粹的从文章学角度来研究《左传》的著作。

吴楚材、吴调侯选《古文观止》。④ 此书为清初康熙年间的一部颇为流行的古文选本，从《左传·郑伯克段于鄢》一直选到明末张溥的《五人墓碑记》。全书共分十二卷，其中前三卷皆为《左传》

① 见《景印文渊阁四库全书》，集部第 1417 – 1418 册，台湾商务印书馆 1986 年版。

② 《四库全书总目》（下册），中华书局 1965 年版，第 1725 页。

③ 金圣叹：《金圣叹全集》（第五册），凤凰出版社 2009 年版。

④ 吴楚材、吴调侯选：《古文观止》，中华书局 1959 年版。

文章，适占全书四分之一的篇幅，可见编选者对《左传》的推崇。

王源撰《文章练要左传评》十卷。① 这是清代研究《左传》文章较有理论水准的一部著作。其在自序中说道："吾于《左氏》不得其意者，思之，思之不得，又重思之。得一意焉，以为是矣，非也；又得一意焉，以为是矣，又非也。何以知其非也，不能贯也。废食寝，累日夜，忽得一意焉，曰是矣，反复思之，曰是矣，何以知其是也，曰贯矣。"② 所谓"贯"，即是追求具有"贯通"意义的理论统摄力，可见作者探索之用心。其在"凡例"中说："评语皆抉作者之意，知其意而后知其章法，知其章法而后知其文之所以妙，皆枯心呕血而得之者，非若近人徒赞其如何好，如何好而毫无得于古，毫无益于今者，比也。读者须详观而熟玩之，若夸一目十行之能，如谚所谓走马看山，则大负评者苦心矣，不必读可也。"③ 足见编者对自己的评点还是非常的自信。又说："文有主意，有眼目，其段落有大小，其序事有案有结，其词语有精彩，有闲情，有点缀，有句法，有字法，俱一一标出。"④ 这说明其对相关问题研究得非常精细而具体。其论文以《周易》之道为本源，以《春秋》以来的良史笔法为评价依据，而以《孙子》在战略上追求奇变的宗旨为参照系，主张先从源头上体认作文之根本，进而从经世济民的实用目的出发，以天道变化的规律来指导章法的运用，从而实现道统

---

① 见《四库全书存目丛书》，经部第139册，齐鲁书社1997年版。

② 《四库全书存目丛书》，经部第139册，齐鲁书社1997年版，第165－166页。

③ 《四库全书存目丛书》，经部第139册，齐鲁书社1997年版，第165页。

④ 《四库全书存目丛书》，经部第139册，齐鲁书社1997年版，第165页。

与文统的合一。①

冯李骅、陆浩评《左绣》三十卷首一卷。② 《左绣》可谓是《左传》文章学评点的集大成之作。其《读左卮言》有云："自来选《左》、读《左》，不外词调、故实两项，即有标举章法、句法、字法，称为奇奇妙妙者，但言其然而不言其所以然。又或约指大端而遗其委曲，或细分句节而不露全神，前辈引而不发，使人自思，而后人则一概囫囵吞枣矣。仆深惜左氏妙文，千载埋没，不惮备加评注，先论全旨，次分大段，又次详小节，又次析句调，务令完其本来，独开生面，要为初学拨其云雾，指其归趣。"③ 虽自谦为初学而作，实际上分析得非常具体，烛幽阐微，发人之所未发。又云："观其自全篇以至一字，剪裁配搭顺逆分合，提束呼应无一点销乱，无一点挂漏，无一点板滞，无一点偏枯，极参差又极整齐，极变化又极均匀。直以夜来之金针制天孙之锦，前人有谓'鸳鸯绣出从君看，不把真针渡与人'，《左氏》则竟将真针普渡天下后世，但粗心人觌面失之耳。愚特以'绣'目《左》，实有望于天下后世之贪看者。"④ 金针度人，名不虚传。仅就"叙事"一格而言，竟将其细分为二十八类之多，可谓左氏功臣。该书也是以时文法点评《左传》，此已为四库馆臣所讥刺。

方苞《方氏左传评点》二卷，《左传义法举要》一卷。《方氏左传评点》分上下二卷，不录全文，只从《左传》中摘录起讫，加

① 参张根源：《王源〈左传评〉对清初古文叙事研究的贡献》，《求索》，2008 年第 12 期。

② 见《四库全书存目丛书》，经部第 141 册，齐鲁书社 1997 年版。

③ 《四库全书存目丛书》，经部第 141 册，齐鲁书社 1997 年版，第 139 页。

④ 《四库全书存目丛书》，经部第 141 册，齐鲁书社 1997 年版，第 142 页。

以评点，附注于下。辞义精深之处用丹笔，叙事奇变之处用绿笔，脉络相贯之处用蓝笔。又分坐点、坐角、坐圈三种，以示遣词、造语、炼字之法。全书重在推敲字义，寻求语脉。《左传义法举要》，是编为方苞门人王兆符、程崟辑录，选《齐连称管至父弑襄公》《韩之战》等若干篇，随文附评，又文后总评，从文章学角度推阐《左传》之义法。两书有光绪十九年金匮廉氏刊本。

刘继庄《左传快评》八卷。其书为弟子金成栋所辑。全书一百〇五篇，摘录《左传》名篇佳构，以助文章修辞之用。凡是句法古隽、叙事新异之处皆于各句之下详加评点，每篇之后再附以总评，全出以时文之法。有康熙间蕉雨闲房刊本。

魏禧撰、彭家屏参订《左传经世钞》二十三卷。[①] 是书综辑群说，虽名曰“经世”，凡例亦曰“论事”重于“论文”，但在文章的实际评点过程中也有不少值得重视的文章学信息，如《宋穆公立与夸》上有眉批云：“邱维屏曰：叠用四先君字，文最连绵，是用意描摹穆公好处，欧阳公文字尝有此意。”[②]《齐侯送姜氏于讙》有眉批：“分定四排，四送一不送，看他变换安顿何等错综，左氏每如此。”[③] 另外还有夹批。

杨绳武编《文章鼻祖》六卷。[④] 该书卷二选《左传》三篇(《战于城濮》《战于邲》《战于鄢陵》)，所选篇目皆为《左传》最为出色的战争描写。此书只在眉批中对选文进行了简略的评论。

清代其他有关文章学研究方面比较重要的此类著作还有：周大璋《左传翼》三十八卷（有乾隆庚申刻本），姜炳璋辑评《读左补

① 见《续修四库全书》，上海古籍出版社 2003 年版，第 120 册。

② 《续修四库全书》（第 120 册），上海古籍出版社 2003 年版，第 302 页。

③ 《续修四库全书》（第 120 册），上海古籍出版社 2003 年版，第 318 页。

④ 见《四库全书存目丛书》，集部第 408 册，齐鲁书社 1997 年版。

义》五十卷[①]，高嵣集评《高梅亭读书丛钞·左传钞》六卷[②]，卢元昌撰《左传分国纂略》十六卷[③]，盛大谟批点《于野左氏录》不分卷（清同治五年字云巢遗稿本），韩菼重订《批点春秋左传纲目句解》六卷（光绪十年刊本），曾国藩辑《经史百家杂钞》二十六卷（四部备要本）等。[④]

近现代关于《左传》的评点、选本主要有：

林纾撰《左传撷华》二卷。[⑤] 林氏为清末古文派的代表人物。全书共选《左传》文章83篇，每篇先录原文，后以己意加以评点。所论以文章作法为宗，无关桐城义法，也不涉八股制艺，是比较纯粹的探讨《左传》（古文）文章技法的专著。

吴闿生撰《左传微》。[⑥] 此书编排上较有个性：它所依照的是马骕《左传事纬》的纪事本末体，"以文义为主，每事自为一篇"[⑦]。其大意在揭示别人尚未阐明的微词眇旨。收录在该书中的《与李右周进士论左传书》一文，较为系统地阐述了他对《左传》文章技法的认识。

吴曾祺撰《左传菁华录》二十四卷。[⑧] 是书先选录《左传》原

---

① 见《四库全书存目丛书》，经部第143–144册，齐鲁书社1997年版。

② 见《华东师范大学图书馆藏稀见丛书汇刊》（第15–16册），北京图书馆出版社2006年版。

③ 见《四库未收书辑刊》（第3辑第9册），北京出版社2000年版。

④ 清及清前有关《左传》文学或文章研究史方面的详情可以参看李卫军《〈左传〉评点研究》（华东师范大学2008年博士学位论文）、刘宗棠《清代〈左传〉文献研究》（山东大学2008年博士学位论文）、罗军凤《清代〈春秋左传〉学研究》（人民出版社2010年版）等。

⑤ 林纾：《左传撷华》，商务印书馆民国十年版。

⑥ 吴闿生撰，白兆麟校点：《左传微》，黄山书社1995年版。

⑦ 吴闿生撰，白兆麟校点：《左传微》，"例言九则"之三，黄山书社1995年版。

⑧ 吴曾祺：《左传菁华录》，商务印书馆1929年版。

文，然后以较为简括的语言叙述编者的意见，多主经、史而发，偶有涉及行文技巧、叙事章法等。其《自叙》云："文以左氏为至论，文而不及左氏犹登山而不陟其顶，测水而不探其源，非知文也……中以比附史事，辨其成败得失以资劝诫者居多，间及论文之旨，亦往往而有。"① 从中便可窥其大体。

如果说文话著作随意性较强、感悟性较浓，评点著作则显得零碎、支离，它们在文章赏析上虽多有片段性的创获，但总体上都缺乏相对严密的逻辑和体系，理论性稍嫌不足。本书希望在前人的基础上，进一步增强理论性方面的研究。

新中国成立后尤其是改革开放以来，有关《左传》的文学研究逐渐繁荣。研究者们或从各种视角或借鉴国内外各种理论对《左传》进行了广泛的研究，取得了不少成绩。关于"文革"前《左传》的相关文学研究，可以参看沈玉成、刘宁合著的《春秋左传学史稿》② 和何新文的《〈左传〉人物论稿》③，还可参看赵长征的《20 世纪〈左传〉研究概述》④。关于《左传》文学专题研究的部分的相关综述有毛振华的《〈左传〉赋诗研究百年评述》⑤，张懿奕的《中西叙事理论视域中的〈左传〉叙事研究回顾》⑥。另外罗军凤的《走出疑古时代的〈左传〉研究——近三十年来〈左传〉研

---

① 吴曾祺：《左传菁华录》，商务印书馆 1929 年版。

② 沈玉成、刘宁：《春秋左传学史稿》，江苏古籍出版社 1992 年版。

③ 何新文：《〈左传〉人物论稿》，中国社会科学出版社 2004 年版。

④ 赵长征：《20 世纪〈左传〉研究概述》，《文史知识》，2000 年第 10 期。

⑤ 毛振华：《〈左传〉赋诗研究百年评述》，《湖南大学学报》，2007 年第 4 期。

⑥ 张懿奕：《中西叙事理论视域中的〈左传〉叙事研究回顾》，《辽宁师范大学学报》（社会科学版），2011 年第 1 期。

究述评》[1] 分九个大的方面全面介绍了近三十年的《左传》研究概况。

下面将与《左传》文章学研究关系紧密的部分从四个方面作简要的介绍。

（一）《左传》文学价值及文学观念的研究

《左传》文学价值的研究主要是将《左传》从经学、史学的视野中剥离出来，从宏观上对其文学上的贡献、地位或成就等进行探讨，如：朴晟镇《〈左传〉文学价值研究》[2]，张卫中《试论〈左传〉的文学性》[3]，徐柏青《〈左传〉文学成就论》[4]；也有从微观的文学题材方面来探讨《左传》的文学价值，如：杨小明《〈左传〉中的内乱描写及其文学价值》[5]，韩霞《〈左传〉梦占预言的文学价值》[6]，杨胜朋《论〈左传〉梦叙述的文学价值》[7]，滕桂花《从描写战争看左传的文学成就》[8]。另外，李永祥的博士论文

---

① 罗军凤：《走出疑古时代的〈左传〉研究——近三十年来〈左传〉研究述评》，《文学前沿》，2007 年，第 253 – 274 页。

② 朴晟镇：《〈左传〉文学价值研究》，北京师范大学博士学位论文，1998 年。

③ 张卫中：《试论〈左传〉的文学性》，《杭州大学学报》，1990 年第 3 期。

④ 徐柏青：《〈左传〉文学成就论》，《湖北师范学院学报》（哲学社会科学版），1999 第 1 期。

⑤ 杨小明：《〈左传〉中的内乱描写及其文学价值》，内蒙古大学硕士学位论文，2009 年。

⑥ 韩霞：《〈左传〉梦占预言的文学价值》，延边大学硕士学位论文，2007 年。

⑦ 杨胜朋：《论〈左传〉梦叙述的文学价值》，《西南交通大学学报》（社会科学版），2003 年第 6 期。

⑧ 滕桂花：《从描写战争看左传的文学成就》，《伊犁师范学院学报》，2001 年第 1 期。

《〈左传〉文学论稿》①，从“文心、赋诗、战心、鬼心”等几个专题性的章节来探究《左传》的文学性，反映出作者极强的创新意图。

从文学理论的角度研究《左传》的文章主要有：曾广开《从〈左传〉看春秋时期的文学观》②和景明《论〈左传〉的文学观》③。

（二）《左传》叙事的研究

关于《左传》的叙事研究，张懿奕的《中西叙事理论视域中的〈左传〉叙事研究回顾》已做了全面系统的综述，笔者不复赘述。该文从文体、情节、人物三个方面比较详细地介绍了20世纪50年代至今的《左传》叙事研究，并指出：“《左传》叙事研究的特征是：传统的文章技法与现代阅读体验的结合，中国古代叙事观念与西方叙事学理论的结合，史学视角与文学思维的结合，叙事学内部多重视点的结合。”这个总结大体上是符合实际的，但纵观这一时期的《左传》叙事研究，虽然文章数量巨大，采用了国内外多种研究视角，取得了一定成绩，尤其是二十世纪八九十年代引进西方叙事理论以后，在某些问题上虽有创获或突破，但是从总体上看还不够深入。之所以造成这样的局面主要是急于“西化”，对本土已有的资源相对重视得不够，贵西而贱中，厚今而薄古。

在叙事研究方面，值得一提的还有台湾成功大学陈志宏的博士

---

① 李永祥：《〈左传〉文学论稿》，陕西师范大学博士学位论文，2010年。

② 曾广开：《从〈左传〉看春秋时期的文学观》，《河南大学学报》（哲学社会科学版），1989年第2期。

③ 景明：《论〈左传〉的文学观》，《锦州师院学报》（哲学社会科学版），1994年第1期。

论文《〈左传〉的叙事与解释》。该文从叙事、阅读及理解的角度出发，就《左传》的叙事形式、叙事结构、人物描写、“初”字的叙事方法、历史叙事与祸福史观等五个方面探讨了《左传》如何借叙事进行历史阐释的问题。

（三）横向比较与纵向因革的研究

1. 横向比较

横向比较主要是将《左传》与其他史传著作或受史传影响较大的说部名著进行比较。比较的角度主要有从文体的角度比较：宁登国《论〈国语〉〈左传〉的谏体文学特征》①，张黎丽《〈国语〉〈左传〉比较研究》②；有从叙事艺术的角度比较：车颖《〈左传〉〈史记〉叙事艺术比较研究》③；综合性的比较有：陈莉娟《〈左传〉与〈三国演义〉比较研究》④。

2. 纵向因革

纵向因革主要是关注《左传》对后世文体形成、文学题材的承袭与发展、写作技法的影响及流变关系。

文体形成方面的影响研究主要有：吴长庚《〈左传〉与中国古代小说的起源》⑤，聂永乐《也谈〈左传〉预言对后世古代小说的

---

① 宁登国：《论〈国语〉〈左传〉的谏体文学特征》，《殷都学刊》，2008 年第 2 期。

② 张黎丽：《〈国语〉〈左传〉比较研究》，南京师范大学硕士学位论文，2002 年。

③ 车颖：《〈左传〉〈史记〉叙事艺术比较研究》，西北师范大学硕士学位论文，2009 年。

④ 陈莉娟：《〈左传〉与〈三国演义〉比较研究》，江西师范大学硕士学位论文，2003 年。

⑤ 吴长庚：《〈左传〉与中国古代小说的起源》，《上饶师范学院学报》，1982 年第 1 期。

影响》①，康宁《从讲史文学角度谈〈左传〉中的小说因素》②，张瑞利《〈左传〉中的小说因素》③，刘继保《中国古代小说起源于〈左传〉》④。

文学题材的承袭与发展方面的研究主要有：刘贵华《从〈左传〉〈史记〉〈三国演义〉看古代军事文学的发展》⑤，张新科《史传文学中人物形象的建立：从〈左传〉到〈史记〉》⑥。

写作技法的影响及流变方面的研究有：莫砺锋《〈左传〉人物描写对〈史记〉的影响》⑦，可永雪《论〈史记〉在叙事上对〈左传〉的继承和发展》⑧，张新科《先秦两汉时期史传文学的嬗变轨迹》⑨，舒大清、徐柏青《论〈史记〉对〈左传〉预叙的扬弃》⑩，

---

① 聂永乐：《也谈〈左传〉预言对后世小说的影响》《太原大学教育学院学报》，2010 年第 3 期。

② 康宁：《从讲史文学角度谈〈左传〉中的小说因素》，宋子俊：《中国古代小说戏剧研究丛刊》（第六辑），甘肃教育出版社 2008 年版。

③ 张瑞利：《〈左传〉中的小说因素》，《四川教育学院学报》，2005 年第 3 期。

④ 刘继保：《中国古代小说起源于〈左传〉》，《中州学刊》，2004 年第 1 期。

⑤ 刘贵华《从〈左传〉〈史记〉〈三国演义〉看古代军事文学的发展》，《湖北师范学院学报》（哲学社会科学版），2000 年第 2 期。

⑥ 张新科：《史传文学中人物形象的建立：从〈左传〉到〈史记〉》，《陕西师范大学学报》，1988 年第 1 期。

⑦ 莫砺锋：《〈左传〉人物描写对〈史记〉的影响》，《南京大学学报》，1983 年第 4 期。

⑧ 可永雪：《论〈史记〉在叙事上对〈左传〉的继承和发展》《内蒙古师大学报》（哲学社会科学版），2000 年第 1 期。

⑨ 张新科：《先秦两汉时期史传文学的嬗变轨迹》，《陕西师范大学学报》，2000 年第 2 期。

⑩ 舒大清、徐柏青：《论〈史记〉对〈左传〉预叙的扬弃》，《湖北师范学院学报》（哲学社会科学版），2009 年第 1 期。

曲景毅《论李德裕的公文创作与〈左传〉〈汉书〉之关系》①，王经纬《论〈汉纪〉对〈左传〉的继承与发展》②。

（四）大陆以外的研究情况

大陆以外研究《左传》值得注意的主要还有两位，一是中国台湾的张高评教授，一是美国的王靖宇教授。

台湾学者张高评研究《左传》文章成绩斐然，其所出的一系列著作堪称集大成。如：《〈左传〉导读》《〈左传〉之文学价值》《〈左传〉文章义法探微》《左传之文韬》《左传之武略》《春秋书法与〈左传〉学史》。③ 其中，《〈左传〉文章义法探微》是一部研究《左传》文章学的力作。全书因循桐城“义法”的观念，共分六章，首章论文意，接下来分别从篇法、章法、句法、字法的角度展开，最后一章论文章风格。该书以浅近文言行文，清词丽句、颇为古雅，思致细密、条分缕析，征引赅博。但稍嫌论述得不够深入，很多具体分析往往是点到即止。

美籍汉学家王靖宇也在《左传》的叙事研究方面作出了不少探索。其单篇文章《中国早期叙事作品的典范——〈左传〉》④ 是较早在西方叙事理论的指导下来研究《左传》的论文，引起了较

---

① 曲景毅：《论李德裕的公文创作与〈左传〉〈汉书〉之关系》，《江淮论坛》，2009 年第 4 期。

② 王经纬：《论〈汉纪〉对〈左传〉的继承与发展》，山东大学硕士学位论文，2010 年。

③ 其中，前三部著作出版于 1982 年，由台湾文史哲出版社印行；《左传之文韬》与《左传之武略》由台湾丽文文化事业公司于 1994 年出版；《春秋书法与〈左传〉学史》则为上海古籍出版社 2005 年出版。

④ John, C. Y Wang、勾承益：《中国早期叙事作品的典范——〈左传〉》，《成都大学学报》，1991 年第 1 期。

大的反响。其还出版有《〈左传〉与传统小说论集》[1] 和《中国早期叙事文研究》[2] 等著作，都是在西方文论的观照下来研读中国文学，某些地方虽存在争议[3]，但是所取得的成绩是不容忽视的。

纵观这一时期的研究，取得了不少成绩。但是，毋庸讳言，问题也不少，对已有资料重复开掘非常普遍，新材料的发现不多，尤其是对明清大量的评点著作以及文话、别集有关《左传》文章学方面已有的研究材料利用得还不够充分，在理论深度和体系创新方面还有一定的学术空间。

《左传》的名称有好几种不同的叫法。西汉司马迁《史记》最先将《左传》称为《左氏春秋》，它是一部独立完整的著作。《史记》中还提到过《公羊春秋》，但其中很多地方是以《春秋》来代称《左传》或《公羊传》。西汉末刘歆《移书让太常博士》一文将《左传》称为《左氏》。《汉书·艺文志》"春秋类"中传《春秋》的著作载有八种，其中《左传》被记录为《左氏传》。在《汉书》中，《左氏春秋》和《春秋左氏传》二名常常混用。到了隋唐时期有了《春秋左传》的名称。唐初魏征等撰《隋书·经籍

---

① 王靖宇：《〈左传〉与传统小说论集》，北京大学出版社 1989 年版。

② 王靖宇：《中国早期叙事文研究》，上海古籍出版社 2003 年版。

③ 罗军凤《文化和传统在"中国早期叙事文"中的迷失——对王靖宇〈左传〉研究的批评》（《中国文化研究》2006 年夏之卷）一文指出《左传》作为中国早期史官文化的载体，史书性质和史官职责却在王靖宇的"中国早期叙事文"的分析解读中缺失，所以王靖宇的《左传》研究在某些地方从叙事学角度切入，却与中国文化产生了隔膜。由于否认了《左传》惩恶劝善的伦理道德意义，王靖宇在分析《左传》的故事、人物、观点、意义等四个要素时亦与中国文化产生了隔膜。文章最后论述了王靖宇的对《左传》"音乐式"阅读法并非其新创，而是因袭了清人盛于野的《于野左氏录》的观点。

志》，其在“春秋”类序文中说：“时陈元最明《左传》。”[①] 自是以后，人们习惯简称《左传》。因其又与被视为《春秋外传》的《国语》相对，《左传》被称为《春秋内传》。本书以《左传》或“左氏”称之。

《左传》的作者和成书年代汉代以下并无异说，自唐以来不断有人怀疑，学界已聚讼千年，难以定论。但是怀疑终归为怀疑，在没有确凿有力的证据之前，笔者觉得还是应该尊重成说。本书认同左丘明是《左传》的主要创作者，《左传》成书于战国中期以前的说法。[②]

本书所引《左传》原文以杨伯峻《春秋左传注》[③] 为底本，只出鲁君公年，一般情况不再另注具体页码。原书俱在，检寻可知。

《左传》按时间先后逐年将列国历史串联而成，杜预集解之前，《左传》并未割裂分附于经后，其原本就是前后一贯的“通部大文字”，历代学者也都曾强调过《左传》一书的整体性。然而，“欲论文必分篇，而章法乃易见”[④]，况且，“一部《左传》大概每篇合成大片段，分之又各成小片段。彼可分而不可合则气脉不完，可合而不可分则条理不密，皆未讲于篇法者也”[⑤]。所以，我们研究《左

---

① 魏征等：《隋书》，商务印书馆 1955 年版，第 21 页。

② 杨伯峻认为在公元前 403—前 389 年之间成书，见《春秋左传注·前言》，中华书局 1990 年版，第 34 页；徐中舒《左传的作者及其成书年代》认为在公元前 351 年以前成书，见《徐中舒历史论文选辑》，中华书局 1998 年版，第 1138－1166 页。

③ 杨伯峻：《春秋左传注》，中华书局 1990 年版。

④ 王源：《左传评》，《四库全书存目丛书》，经部第 139 册，齐鲁书社 1997 年版，第 166 页。

⑤ 冯李骅、陆浩：《左绣》，《四库全书存目丛书》，经部第 141 册，齐鲁书社 1997 年版，第 139 页。

传》文章的时候，也不得不从中分出若干篇章。如何分为篇章？具体而言，不以公年为断，也不单就一事为断，而以章法作意、文具首尾为断，王源《左传评》凡例云："传有有经者，有无经者，无经者后人以附录别之，不知无论有经无经，或一事为一段，或合数事为一段，俱有章法存焉，不论章法而概以一事为一段，不知文者也，乌可与论左氏哉?"① 所言极是。本书分篇主要参考《文章正宗》《左传评》《左传义法举要》《左传撷华》等书。

① 王源：《左传评》，《四库全书存目丛书》，经部第139册，齐鲁书社1997年版，第166页。

第一章 《左传》的“理”与“意”

第一节 贯穿《左传》的“理”

“理”的本义是指治理玉石，引申为肌理、文理等，后进一步引申为事物当然的道理、规律。《周易》云：“易简而天下之理得矣，天下之理得，而成位乎其中矣。”① 《孟子》也有近似的说法：“心之所同然者何也？谓理也，义也；圣人先得我心之所同然耳。”② 庄子在讲“庖丁解牛”时云：“依乎天理，批大郤，导大窾，因其固然，技经肯綮之未尝，而况大軱乎。”③ 这是说，依照牛自身结构组织的规律来宰牛，劈入筋骨相联结的间隙，再导向骨节的空窍，因是顺着牛本来的结构来进行的，所以从没有遇着使刀口钝折的阻碍，何况那大块的盘结骨。这里所谓的“天理”，指的仍是事物本身的规律。汉代董仲舒、扬雄、王充等人也有关于“理”的论述，其意义都不出先秦诸子的固有观念。

南北朝时期的文论家刘勰在《文心雕龙》中多次提到“理”，

---

① 李道平撰，潘雨廷校点：《周易集解纂疏》，中华书局 1994 年版，第 546－547 页。

② 焦循撰，沈文倬点校：《孟子正义》，中华书局 2017 年版，第632 页。

③ 郭庆藩撰，王孝鱼点校：《庄子集释》（第一册），中华书局 1961 年版，第 125 页。

如："故思理为妙，神与物游……或理在方寸而求之域表，或义在咫尺而思隔山河"①；"情者，文之经；辞者，理之纬。经正而后纬成，理定而后辞畅：此立文之本源也"②；"夫情动而言形，理发而文见"③。将"理"从一般的抽象概念提升到哲学的最高范畴是宋代理学家，尤其是二程、朱熹一脉的发明。④"理学"是以儒家伦理思想为核心，同时也吸收了道家宇宙生成的相关理论和释家的思辨思想而形成的一种新的思想体系。⑤在这个思想体系中"理"是最高的本体，是产生万物的本源。"理"是先天地、脱离客观事物而存在的第一性的东西。总之，将"理"提高到本体论的地位上来论，是在理学思想兴起以后了，论者受其学说的影响，影从、羽翼是说者屡见不鲜。

> 北宋张耒云："作文以理为主，自六经以下，至于诸子百氏骚人辨士论述，大抵皆为寓理之具也。故学文之道，急于明理。如为文而不明理，求文之工，世未尝有是也。若未明理，而欲以言语句读为奇，反复咀嚼，卒亦无

① 刘勰著，范文澜注：《文心雕龙注》，人民文学出版社1958年版，第493页。

② 刘勰著，范文澜注：《文心雕龙注》，人民文学出版社1958年版，第538页。

③ 刘勰著，范文澜注：《文心雕龙注》，人民文学出版社1958年版，第505页。

④ 张立文指出："这派的思想家继承和改造了中国哲学史上'理'这个概念，并首先把'理'说成是宇宙的最高本体、产生万物的本源。"见张立文：《朱熹研究》，中国社会科学出版社1981年版，第5页。

⑤ 参张立文《朱熹思想研究》（中国社会科学出版社1994年版）第一章、陈来《宋明理学》（生活·读书·新知三联书店2011年版）引言部分和邓莹辉《两宋理学美学与文学研究》（华中师范大学出版社2007年版）第一章。

有，此最文之陋也。”①

南宋吴子良《荆溪林下偶谈》：为文大概有三：主之以理，张之以气，束之以法。②

明周忱《双崖文集》卷二：“文以理为主，而气以发之，理明矣，而气或不充，则意虽精，辞虽达，而萎苶不振之病有所不免。”③

明唐泼《言文》云：“文之所以为文者，词也。文而不以词，何以为文？词之所以为词者，意也。词而不以意，何以为词？意之所以为意者，理也。意而不以理，何以为意？”④

论文主理之说在理学繁荣的宋明时期尤为多见，到了清代，理学失去了往日的气势，以理论文也渐渐淡出了文论者的笔端。自刘宋范晔以来，持文“以意为主”观念的代不乏人，继韩愈“文以明道”之说后，朱熹等变本加厉，倡“文以载道”⑤之说，受理学思想浸染的学者以“理”来取代、囊括、区分“意”作为文章主旨的理论概念，并高举“文以理为主”的旗帜。在某种程度上自然有着积极的意义，如在理学观念的背景下，“理”比“意”更具形而上的概括力、更为深广的统摄功能和理论衍生能力。“理”与“意”

① 王水照编：《历代文话》（第二册），复旦大学出版社2007年版，1592页。

② 王水照编：《历代文话》（第一册），复旦大学出版社2007年版，第558页。

③ 《高太史凫藻集序江西文钞选》，清光绪四年山前崇恩堂刻本。

④ 王水照编：《历代文话》（第三册），复旦大学出版社2007年版，第2329页。

⑤ 理学又称道学。

内涵有重叠的部分，但是“理”可以包含“意”，“意”则不能涵盖“理”。当然以“理”为本，其消极之处也是显而易见的，如强化了理本文末的偏执观念，文沦为天理道德的承载工具，取消了文本该具有的独立性等。

本着取其精华，去其糟粕的精神，笔者用“理”这个概念来讨论《左传》文章的宗旨不是要弘扬理学思想或全盘照搬理学文论的那一套，而只是借鉴其合理有益的一部分。《左传》作为解释《春秋》的传，很大程度上是传授经旨，那么“经旨”这个“理”不但是《左传》所传的“理”，并且它还是先于《左传》各种具体的“意”而存在的。《春秋》三传（《穀梁》《公羊》《左传》）所本之“理”出自一家，而具体解释（即“意”）却各有差异，也可以从侧面说明“理”先于“意”而存在，并且相同的“理”可以生发出不一样的“意”。《左传》作为一部“具有强烈的政治学色彩的文学化历史著作”①，它本身也有着极为自觉的主体意识，它在阐释历史的过程中自有其独特的一套话语体系。在诸如写什么，不写什么；突出什么，略化什么等问题上，它反映出一些个性鲜明的特征和稳定不变的价值标准。

正如美国学者海登·怀特所说：“历史叙事总是以一定的理念去解释素材，并总是将这一切安排在一个语言叙述结构之中。”② 所以我们有必要从《左传》看似松散的“语言叙述结构”中寻找出其组织素材或“解释素材”一以贯之的“理念”。《左传》一书是由

---

① 方铭：《〈左传〉的叙事方式与文体特征再认识》，《文艺研究》，2009 年第 2 期。

② 海登·怀特：《“描绘逝去时代的性质”：文学理论与历史写作》，见拉尔夫·科恩主编，程锡麟等译：《文学理论的未来》，中国社会科学出版社 1993 年版，第 43 页。

许多不同的篇章共同组合而成的一部“大文章”，仅以一种或几种所谓的“作意”“命意”来总摄《左传》，往往有以偏概全、挂一漏万之嫌，于理论上显然行不通。如果将《左传》看成是由若干“命意”不同的文章共同组成的一部带有整体性的著作的话，我们应在纷繁的“（命）意”之外追寻其更趋一致的共同归宿。纵观《左传》，笔者认为其所体现的“理”或秉持的理念，大致可以从两个方面来分析，即“实用理性”和“叙事理念”。

（一）实用理性

实用理性“首先指的是一种理性精神或理性态度”①，“这种理性具有极端重视现实实用的特点”②。《左传》所传之“道”，有着极为鲜明的“实用理性”的特征。它所记载、关注的是现实的、此岸的价值，以惩恶扬善为最终目的；既没有超验的价值追求，也缺乏思辨的兴趣。它的主流思想固然可以划归儒家，但其逸出儒家之外的成分也屡见不鲜。然而，尽管它与儒家有些出入，但是在“实用理性”的层面上，却又是高度一致的。

儒家（孔子）不语怪力乱神，《左传》却乐此而不疲，全书对妖梦鬼神的记载屡见不鲜，《左传》虽屡屡言及妖梦鬼神，却并不堕入齐谐志怪之谈，相反，左氏谈鬼述梦往往归本于人事。如庄公十四年记载：“六年而厉公入。公闻之，问于申繻曰：‘犹有妖乎？’对曰：‘人之所忌，其气焰以取之。妖由人兴也。人无衅焉，妖不自作。人弃常，则妖兴，故有妖。’”清代学者汪中在其所作《左氏春秋释疑》中早已用充分的证据说明，《左传》在记述天道、鬼神、

① 李泽厚：《中国古代思想史论》，安徽文艺出版社 1994 年版，第 33 页。
② 李泽厚：《中国古代思想史论》，安徽文艺出版社 1994 年版，第 34 页。

灾祥、卜筮和梦的时候都“未尝废人事也”①。《左传》记录历史，实难回避鬼神妖梦。“春秋史事既多怪力乱神，左氏秉笔直书之。”②当然，巫史传统在早期史官的身份中也是模糊不清的。作为历史的书写者同时也是通神懂巫道的知识阶层，在他们笔端出现神怪之谈也就极为平常了。但是左氏在记录怪力乱神的时候却有着极为清醒的头脑和理性判断的精神，这往往表现出实用理性的色彩。

《左传》除了记录了很多怪力乱神的历史故事，还有大量的战争描写。《左传》认为军队是必然的存在、不可或缺的，强调“经验合理性”：“天生五材，民并用之，废一不可，谁能去兵？兵之设久矣，所以威不轨而昭文德也。”（襄公二十七年）诚然，《左传》的目的并非宣扬战争，清人姜炳璋曾颇为中肯地指出：“左氏叙战，具有六韬三略之奇，故古来名将无不熟读左氏。杜征南军兴旁午，取以自随，非无意也。读者几疑其为兵家者流……不知左氏之义不贵用兵，而在寝兵，不忍残民，而在息民。”③故《左传》批评州吁则云“夫兵，犹火也，弗戢，将自焚也”（隐公四年），总结宋殇公则云“十年十一战，民不堪命”（桓公二年）。左氏在总结战争胜负的原因时往往是从道德史观的角度出发的，不厌其烦地宣称“礼、乐、慈、爱为战所畜”（庄公廿七年）、“德、刑、详、礼、义、信为战之器”（成公十六年）等。

《左传》记叙一些著名的政治家、思想家时，偶尔也表现出与儒家不相吻合的地方。僖公二十八年，晋杀祁瞒、舟之侨等并分别

---

① 汪中：《述学》内篇二，《清经解》（第五册），上海书店出版社 1988 年版，第 240－241 页。

② 张高评：《左传文章义法探微》，台湾文史哲出版社 1982 年版，第 18 页。

③ 姜炳璋：《读左补义·纲领下》，《续修四库全书》，经部第 122 册，上海古籍出版社 2003 年版，第 137 页。

通报诸侯和全国，百姓因此而大服。左氏借君子的口吻深赞晋文公云：“君子谓文公其能刑矣，三罪而民服。《诗》云：‘惠此中国，以绥四方’，不失赏刑之谓也。”这多少有点法家的意味，至少与儒家以“仁”为本有一定的距离了。襄公三十年，郑国子产为政，有事情要劳烦伯石，于是就贿赂他。子太叔对此不解，子产说只要能办成事就好，安定国家，一定要先照顾像伯石这样的大族。子产非常讨厌伯石的为人，但还是让他居于仅次于自己的位置。这与儒家以德服人、以德任人、“据于德”的思想也有出入。诸如此类，都体现出了实用理性的精神。

《左传》实用理性的精神，还反映在宗经、致用的价值取向和写作目的中。吴曾祺《涵芬楼文谈》云：“学文之道，首先宗经。未有经学不明，而能擅文章之胜者。夫文之能事，务在积理；而理之精者，莫经为最。”①《左传》为传《春秋》而作。桓谭《新论》谓：“左氏传于经，犹衣之表里，相待而成。经而无传，使圣人闭门思之，十年不能知也。”②《左传》之宗尚《春秋》就其大端而言，主要表现在两个方面：第一，《左传》以史传经，以事实阐明经旨，归趣始终不离《春秋》。清周大璋在《春秋左翼·凡例》中有云：“至若左氏，人知其文词超越百家，不知于圣经本旨实有心领神会，发明亲切。虽一字一句，亦必根柢乎义者。”③第二，《左传》之显微烛幽、曲畅其情的行文方式学习和继承了《春秋》的经验。左丘明在《左传》中用非常钦佩的口吻论赞道：“《春秋》之称，微而显，志而晦，婉而成章，尽而不污，惩恶而劝善，非圣

① 王水照编：《历代文话》（第七册），复旦大学出版社2007年版，第6576页。

② 桓谭撰，朱谦之校辑：《新论》，中华书局2009年版，第24页。

③ 周大璋：《春秋左翼·凡例》，乾隆庚申刻本。

人，谁能修之?”（成公十四年）

除《春秋》外，《左传》一书引《诗》、引《易》、引《书》，频频可见，奉若圭臬、仰作经典，引为评判历史的价值依据，其推尊之意触处皆是。冯李骅、陆浩在《读左卮言》中对左丘明熟于《易》《诗》《书》等经典有一番精彩的论述：

> 《左氏》极精于《易》，然过于凿凿处却未免附会。唯穆姜论艮八、惠伯论黄裳，乃足为观象玩占者定厥指南耳。
>
> 《左氏》极长于《诗》，凡援据释证，或虚或实，赠答评赞，或质或文。最绚烂者，莫过于“七子宠武，不出郑志”，两番铺排；最变换者，莫过于“不答湛露，重拜鹿鸣”，两番做作；最轻逸者，莫过于“昭忠信也，其谁云之”，仿佛微云疏雨；最典重者，莫过于“夏父逆祀，遂霸西戎”，俨然清庙明堂。至于引《书》引《礼》，种种博雅，引谣引谚，种种风趣，无妙不臻。诚哉独有千古!①

《春秋》为经世之经，《左传》为翼经之传，其具有经世致用的目的毋庸置疑。清魏禧著《左传经世钞》，其在自叙中说：“尝观后世贤者，当国家之任，执大事，决大疑，定大变，学术勋业，烂然天壤。然寻其端绪，求其要领，则《左传》已先具之。”②

孔子作《春秋》，而乱臣贼子惧，左丘明作《左传》也一脉相承地“失则贬其恶，得则褒其善”——“惩恶扬善”是《左传》

① 冯李骅、陆浩：《左绣》，《四库全书存目丛书》，经部第141册，齐鲁书社1997年版，第141页。

② 魏禧撰，彭家屏参订：《左传经世钞》，上海古籍出版社1996年版。

十八万文字所竭力追求的。褒善贬恶，古史皆然，左丘明传《春秋》，自不例外。这里要特别指出的是，左氏作传有一种极为自觉的褒讳抑损的观念，一篇之中，屡致意焉：

> 九月，侨如以夫人妇姜氏至自齐。舍族，尊夫人也。故君子曰：“《春秋》之称，微而显，志而晦，婉而成章，尽而不污，惩恶而劝善，非圣人，谁能修之？”（成公十四年）
>
> 故曰：《春秋》之称微而显，婉而辨。上之人能使昭明，善人劝焉，淫人惧焉，是以君子贵之。（昭公三十一年）

可见，左丘明对《春秋》“惩恶劝善”的著述精神推崇备至。晋杜预在其为《左传》所作集解的序言中径取以上两句的内容来阐释《左传》的特点：

> 为例之情有五：一曰微而显。文见于此而起义于彼；……二曰志而晦。约言示制，推以知例；……三曰婉而成章。曲从义训以示大顺，诸所讳辟；……四曰尽而不汙。直书其事，具文见意；……五曰惩恶而劝善。求名而亡，欲盖而章……

钱锺书先生就此论道：“‘五例’之一、二、三、四示载笔之体，而其五示载笔之用。”① 所谓“载笔之用”某种程度上也是文章致用

① 钱锺书：《管锥编》（第一册），生活·读书·新知三联书店2007年版，第269页。

精神的体现。左氏搦管作传之时，惩劝之心片刻不忘：

> 君子曰："善不可失，恶不可长，其陈桓公之谓乎！长恶不悛，从自及也。虽欲救之，其将能乎？商书曰：'恶之易也，如火之燎于原，不可乡迩，其犹可扑灭？'周任有言曰：'为国家者，见恶如农夫之务去草焉，芟夷蕴崇之，绝其本根，勿使能殖，则善者信矣。'"（隐公六年）
>
> 君子曰："名之不可不慎也如是，夫有所有名而不如其已。以地叛，虽贱，必书地，以名其人，终为不义，弗可灭已。是故君子动则思礼，行则思义；不为利回，不为义疚。或求名而不得，或欲盖而名章，惩不义也。齐豹为卫司寇，守嗣大夫，作而不义，其书为'盗'。邾庶其、莒牟夷、邾黑肱以土地出，求食而已，不求其名。贱而必书。此二物者，所惩肆而去贪也。若艰难其身，以险危大人，而有名章彻，攻难之士将奔走之。若窃邑叛君以徼大利而无名，贪冒之民将置力焉。"（昭公三十一年）

以上两例皆左丘明借"君子曰"来直接阐明其对"惩恶劝善"的深刻认识。这就使得整部《左传》或明或暗、或直或曲地贯彻着褒贬美刺的致用精神。总之，《左传》所体现出的这种实用理性的观念，诚如李泽厚所说："以服务人类生存为最终目的，它不但没有超越性，而且不脱离经验和历史。它认为没有与'人道'分离的'天道'，'天道'与'人道'一致，而且是'人道'的提升（人不是由天而人，而是由人而天）。”①

（二）叙事理念

《左传》在具体的历史阐释中持有一种较牢固的理念：无论是国家的兴衰、战争的成败，还是个人的穷达等，都与“道德”的好坏有着本质性的关系。美国学者王靖宇认为：“《左传》是一部道德因果指南，一个预言体系，这个体系不是建立在数字或预兆的基础上，而是建立在更复杂的、更令人信服的、在实际的人类历史中可觉察的道德模式的基础上。”② 的确，《左传》实在是一部较高度道德化的历史教科书，在其看来，历史的发展必然符合道德的要求。

庄公十一年，宋国发生大水，鲁庄公派人去慰问，宋闵公表现得非常谦卑内省，把灾祸的责任都揽在自己身上：“孤实不敬，天降之灾，又以为君忧，拜命之辱。”鲁国的臧文仲听闻此言之后，就断言宋国将要兴旺：“宋其兴乎！禹、汤罪己，其兴也悖焉；桀、纣罪人，其亡也忽焉。且列国有凶，称孤，礼也。言惧而名礼，其庶乎！”臧文仲之所以会作出这样的判断，完全是从宋国统治者的道德觉悟出发的。

文公六年，秦穆公去世，居然用秦国非常有名望的三个杰出人物（子车氏的三个儿子：奄息、仲行、针虎）来殉葬，《左传》借君子的口吻批评道：“秦穆之不为盟主也宜哉！死而弃民。先王违世，犹诒之法，而况夺之善人乎？”用活人来殉葬，这是非常残暴和野蛮的行为，何况给秦穆公陪葬的还是三位有一定社会影响力的人物。《左传》因此断言秦国的国势将会衰落：“君子是以知秦之不

① 李泽厚：《实用理性与乐感文化》，生活·读书·新知三联书店 2005 年版，第 364 页。

② 王靖宇：《中国早期叙事文研究》，上海古籍出版社 2003 年版，第 36 页。

复东征也。”

僖公廿八年，晋在城濮战胜楚国，《左传》借君子的口吻评赞晋国“能以德攻”。左氏认为，晋国之所以取得胜利是由于道德制胜。隐公元年，共叔段秣马厉兵欲与其兄郑庄公一争高下，蔡仲非常担忧，郑庄公说：“多行不义，必自毙，子姑待之。”这实际上是从道德原则上解释了共叔段必然失败的原因。共叔段骄横妄为、得寸进尺，郑庄公小心谨慎、有礼有节。最终，郑庄公在鄢地一举打败共叔段，整个事件的发展都遵循道德阐释的逻辑。

《左传》不同于《春秋》只在事后对历史的道德意义作出评价，而是把道德意义作为历史发展的内在根据。郑国的伯有，骄奢淫逸、嗜酒如命。襄公二十七年，郑伯在垂陇设享礼招待晋国的使臣赵文子，文子请郑伯身边的七位大臣通过赋诗来各抒其志，轮到伯有时，他赋的是靡靡之音：《鹑之奔奔》。飨礼结束后，赵文子就对叔向说：“伯有将要被诛戮了。”叔向回答：“对，他太骄奢。”襄公二十八年，因宋之盟，鲁襄公等去朝拜楚国，经过郑国时，郑伯不在国内，于是就让伯有到黄崖来慰劳鲁襄公一行，伯有表现得很不恭敬。鲁国的大臣穆叔就说：“伯有在郑国不受诛戮，郑国必然会有大灾祸。”伯有和子皙积怨很深，后来子皙率众攻打伯有，最后伯有死在卖羊的集市中，同时也印证了事前众人的判断。总之，《左传》自始至终都是从“道德阐释”的角度来组织材料、结构篇章的。

然而，历史的发展并不完全遵循道德的逻辑，这只是《左传》把握历史的一种理想模式，或者说是对历史发展的一种主观期待，当然也有以史为镜，为统治阶级提供治国方略的目的。所以，它不得不竭力将这种主观期待客观化、圆融化。

哀公元年，吴国攻入楚国的时候曾派人去召见陈怀公，怀公马上召集身边的智囊团队商讨意见，到底是亲附吴国还是追随楚国？大臣逢滑说：“国之兴也以福，其亡也以祸。今吴未有福，楚未有祸，楚未可弃，吴未可从。”陈怀公不从，他继续说：“国之兴也，视民如伤，是其福也；其亡也，以民为土芥，是其祸也。楚虽无德，亦不艾杀其民。吴日敝于兵，暴骨如莽，而未见德焉。天其或者正训楚也，祸之适吴，其何日之有？”逢滑的意见突出地代表了《左传》一贯的道德阐释模式。如果真如其所言，吴国是不会取胜的。但事实上吴国不仅打败了楚国，还侵占了陈国。这岂不就自相抵牾、滞碍不通了？

答案是否定的。历史的发展起伏跌宕、峰回路转，恰如楚国子西所预料：“二三子恤不相睦，无患吴矣。昔阖庐食不二味，居不重席，室不崇坛，器不彤镂，宫室不观，舟车不饰；衣服财用，择不取费。在国，天有灾疠，亲巡孤寡而共其乏困。在军，熟食者分而后敢食，其所尝者，卒乘与焉。勤恤其民，而与之劳逸，是以民不罢劳，死知不旷。吾先大夫子常易之，所以败我也。今闻夫差，次有台榭陂池焉，宿有妃嫱嫔御焉；一日之行，所欲必成，玩好必从；珍异是聚，观乐是务；视民如雠，而用之日新。夫先自败也已，安能败我？”子西也是从道德意义上指出吴王夫差的种种不足，断言吴国不足为害。如其所料，吴国最终没能消灭楚国，却被越国所灭。这就是说，《左传》总是想方设法将历史的意义贯通在道德阐释的模式之内。

在道德阐释的模式中，“礼”是全书最为重要的价值尺度，是《左传》评价历史人物和事件的标准。“礼”也是道德阐释的集中体现。《左传》一书包综诸礼（吉、凶、军、宾、嘉），吉礼如桓公三年论齐侯送姜氏，凶礼如隐公元年天王来归赗，军礼如成公十六年鄢陵之战晋郤至遇楚王。春秋时代虽云“礼崩乐坏”，但圣人之道犹有存焉。所以，不但在人们生活的具体情节中依然频频可见“礼”的流行，同时，在人们的思想观念中，“礼”实际上依然是一切社会关系的定厥指南。如：

君子谓郑庄公于是乎有礼。礼，经国家，定社稷，序民人，利后嗣者也。(隐公十一年)

(齐桓)公曰：“鲁可取乎?”对曰：“不可。犹秉周礼。周礼，所以本也。臣闻之：‘国将亡，本必先颠，而后枝叶从之。’鲁不弃周礼，未可动也。君其务宁鲁难而亲之。亲有礼，因重固，间携贰，覆昏乱，霸王之器也。”(闵公元年)

“礼之可以为国也久矣，与天地并。”(昭公二十年)

“礼”是宗法社会维系社会秩序约定俗成的行为规范，具有普遍的约束力。所以孔子云：“不学礼，无以立。”王国维说，礼是“周人为政之精髓”，是“文武周公所以治天下之精义大法”。[①] 范文澜也说，周文化是一种“尊礼文化”[②]。这些论断深刻地指明了礼在周代社会生活中的重要地位。杨伯峻先生曾论道：“春秋时代重视‘礼’，‘礼’包括礼仪，礼制，礼器等……我把《左传》‘礼’字统计一下一共讲了462次：另外还有‘礼食’一次，‘礼书’‘礼经’各一次，‘礼秩’一次，‘礼义’三次……并且把礼提高到最高地位。”[③]“礼”作为价值准绳贯穿《左传》始终。

---

① 王国维：《殷周制度论》，《观堂集林》(第二册)，中华书局1959年版，第477、475页。

② 范文澜：《中国通史》(第一册)，人民出版社1987年版，第143页。

③ 杨伯峻：《论语译注》，中华书局1980年版，第16页。

“礼”不但包括社会性公德，也包括个人性私德。如前面所引“礼，经国家，定社稷，序民人，利后嗣者也”“犹秉周礼”“礼之可以为国也久矣，与天地并”中的“礼”既带有社会公约性也包含个人的品德修养。在通常情况下，“礼”所包含的公德和私德难以截然分开，只是或有所侧重罢了。侧重于社会性公德如：“君子曰：‘信不由中，质无益也。明恕而行，要之以礼，虽无有质，谁能间之？’”（隐公三年）“夏，会于葵丘，寻盟，且修好，礼也。”（僖公九年）侧重于个人性私德如：“孟僖子病不能相礼，乃讲学之，苟能礼者从之。及其将死也，召其大夫，曰：‘礼，人之干也。无礼，无以立。’”（昭公七年）“君子曰：‘此之谓弃礼，必不钧。《诗》曰：‘人而无礼，胡不遄死？’涉佗亦遄矣哉！’”（定公十四年）

除“礼”之外，《左传》在道德阐释的过程中还彰显出各种个人性私德。如德：“夫令名，德之舆也；德，国家之基也。有基无坏，无亦是务乎！有德则乐，乐则能久。《诗》云‘乐只君子，邦家之基’，有令德也夫！‘上帝临女，无贰尔心’，有令名也夫！恕思以明德，则令名载而行之，是以远至迩安。”（襄公二十四年）仁：“以君成礼，弗纳于淫，仁也。”（庄公二十二年）善：“且人之欲善，谁不如我？”（僖公九年）信：“所谓道，忠于民而信于神也。”（桓公六年）义：“母义子爱，足以威民。”（文公六年）忠：“违命不孝，弃事不忠。”（闵公二年）勇：“死而不义，非勇也。”（文公二年）孝：“颍考叔，纯孝也。”（隐公元年）敬：“敬，礼之舆也。”（僖公十一年）……诚如林纾所云：“左氏结习，每论一事，必包括五常之理，不一而足。”[①] 这些个人性私德有的是“礼”衍

① 林纾：《左传撷华·偪阳之役》篇后评，商务印书馆民国十年版。

生出来的，与其有着紧密的联系，有的同“礼”并行不悖。总而言之，这些都是《左传》道德阐释模式的具体表现。

第二节　因事命意

“理”是贯穿整部《左传》的指导纲领，“意”则各篇不同。在一部著作里，“理”与“意”属于总与分或一与多的关系。这既有些像史学家所讲的“天下一致而百虑，同归而殊途”，又如理学家所概括的“理一分殊”。宋益新氏曰：“词胜不如意胜，意胜不如理胜。理其干也，意其枝也，词其叶也，三者具而后成文，可知有干必有枝，有枝必有叶。气化自然之妙，行乎其不得不行，止乎其不得不止，非有所矫揉造作于其间也。所谓原于天事者也，而人事由此而显矣。”① “理”与“意”之间犹主干与分支、源与流的关系。《左传》一书站在“实用理性”和“道德阐释”的立场上来叙述历史（人物和事件）以达到惩恶扬善的现实目的，其各篇的命意都是在这样一种指导纲领下生发出来的。

刘熙载指出：“古人意在笔先，故得举止闲暇；后人意在笔后，故至手脚忙乱。”② 刘师培《汉魏六朝专家文研究》认为作文时“必先树意以定篇，始可安章而宅句。若术不素定，而委心逐辞，

① 褚傅诰：《石桥论文》，见王水照编：《历代文话》（第十册），复旦大学出版社 2007 年版，第 9622 页。

② 刘熙载撰，袁津琥注：《艺概注稿》，中华书局 2009 年版，第 39 页。

异端从至，骈赘必多”①。可见，立意对于文章的重要性，无论文章千波万状、变幻莫测始终都不离命意。文章的命意是文辞的统领，如航行之指南、三军之将帅。苏东坡在向葛延之传授作文要诀时，曾明确指出：“不得钱不可以取物，不得意不可以用事。”② 总之，命意是一篇之主脑。为文重在立意，论文又岂能不观其意？王源云：“凡读古人文字，未有不知其意之所在而能知其文之妙者也。”③

然而，《左传》一书，卷帙浩繁，内容庞杂，举凡朝聘、宴飨、盟祀、征伐、婚丧、灾祸、妖梦等等，目不暇接、应有尽有。针对此种情况，后世形成了多种专门性研究，如礼制、历史、地理、历法、《诗》学等。《左传》记事多且“杂”，晋范宁称道“《左氏》艳而富”④。梁启超也曾从其所记列国、事类众多两个方面加以总结：“第一，不以一国为中心点，而将当时数个主要的文化圈，平均叙述。”⑤ “第二，其叙述不局于政治，当涉及全社会之各方面。对于一事典章与大事，固多详叙；而所谓琐语之一类，亦采集不遗。”⑥ 以隐公为例，其在位共计十一年。在这十一年间，《左传》记述了鲁、郑、齐、纪、陈、晋、卫、邢、宋、邾、莒、纪、许、薛、郕等近二十个诸侯国，涉及盟会、祭祀、筑城、婚丧、灾祸、战争等众多重要的历史活动。所以，要竭泽而渔式地列举出《左传》

---

① 王水照编：《历代文话》（第十册），复旦大学出版社 2007 年版，第 9573 页。

② 何文焕辑：《历代诗话》，中华书局 1981 年版，第 509 页。

③ 王源：《左传评》，《四库全书存目丛书》，经部第 139 册，齐鲁书社 1997 年版，第 348 页。

④ 范宁注，杨士勋疏：《春秋穀梁传注疏》，上海古籍出版社 1990 年版，第 5 页。

⑤ 梁启超：《梁启超讲国学》，凤凰出版社 2008 年版，第 109 页。

⑥ 梁启超：《梁启超讲国学》，凤凰出版社 2008 年版，第 109 页。

所有篇章的作意恐不易办到，也绝无必要。况且并非所有篇章的命意都能作类型化的列举。史实的复杂性以及书写历史的社会环境等诸种情形，使得《左传》许多篇章的命意显得委婉深曲，往往言出于此，意涉于彼，这就是所谓的“春秋笔法”。有的篇章则需要联系前后若干年的历史才能得其意旨，孤立而论则犹如盲人摸象，顾此失彼，此亦为读《左传》的难点，也是其命意表现的突出特点。

杜预曾借用左丘明赞美《春秋》的话来概括《左传》的“春秋笔法”：“一曰微而显。文见于此而起义于彼；……二曰志而晦。约言示制，推以知例；……三曰婉而成章。曲从义训，以示大顺，诸所讳辟；……四曰尽而不汙。直书其事，具文见意；……”这四例的意思相近，讲的是同一个问题，就是春秋笔法或者说是“用晦”。《史通·叙事》曰：“晦也者，省字约文，事溢于句外。然则晦之将显，优劣不同，较可知矣。……一言而巨细咸该，片语而洪纤靡漏，此皆用晦之道也。……夫《经》以数字包义，而《传》以一句成言，虽繁约有殊，而隐晦无异。……虽发语已殚，而含意未尽，使夫读者望表而知里，扪毛而辨骨，睹一事于句中，反三隅于字外，晦之时义大矣哉！”① 刘知幾大赞历史叙事中用晦的意义，其实在文章写作中，用晦有着普遍的积极意义。《文心雕龙·隐秀》云：“隐也者，文外之重旨者也”，“夫隐之为体，义生文外，秘响旁通，伏采潜发”，“余味曲包”。② 又《文心雕龙·神思》篇谓：“思表纤旨，文外曲致。”③ 这是从理论上指出用婉曲隐幽的行文方

① 刘知幾撰，浦起龙通释，吕思勉评：《史通》，上海古籍出版社 2008 年版，第 126 页。

② 刘勰著，范文澜注：《文心雕龙注》，人民文学出版社 1958 年版，第 632 页

③ 刘勰著，范文澜注：《文心雕龙注》，人民文学出版社 1958 年版，第 495 页。

法将文章的意义空间拓展得更加广大、深远。《左传》深文隐蔚，曲畅其辞，成为其褒贬大义最为突出的手段和特点。

隐公三年，周郑交质，《左传》将郑庄公与周王等夷齐观，将郑与周直视为二国、平起平坐。实际上这种以下凌上、淆乱纲纪的做法为史家所深恶痛绝，论史者都以郑庄公为衰周罪人之始作俑者。然而《左传》的叙述却冷静客观，婉而成章：

> 郑武公、庄公为平王卿士。王贰于虢。郑伯怨王。王曰：“无之。”故周、郑交质。王子狐为质于郑，郑公子忽为质于周。王崩，周人将畀虢公政。四月，郑祭足帅师取温之麦。秋，又取成周之禾。周、郑交恶。君子曰：“信不由中，质无益也。明恕而行，要之以礼，虽无有质，谁能间之？苟有明信，涧、溪、沼、沚之毛，苹、蘩、蕰、藻之菜，筐、筥、锜、釜之器，潢、污、行、潦之水，可荐于鬼神，可羞于王公，而况君子结二国之信，行之以礼，又焉用质？风有《采蘩》《采苹》，雅有《行苇》《泂酌》，昭忠信也。”

《左传》重一统、尊周王，而此篇对待周王和郑庄公看似毫无偏倚，实则字里行间自有贬抑。左丘明虽未曾明言，而读《左传》者莫不痛惜庄公之无礼、周朝之无能，以及二者之无信。吴闿生云：“周纲之坠，郑伯罪之首也。曰‘周、郑交质’‘周、郑交恶’，其伤之至矣；重之曰‘君子结二国之信’‘君子不欲多上人’，尤所以极之于不堪者。”① 用晦，不是晦而无当、晦而不明，而是在彰显意义的同时又掩盖意义，在隐藏意义的同时又表达意义。《左绣》曰：

---

① 吴闿生撰，白兆麟校注：《左传微》，黄山书社 1995 年版，第 14 页。

> 有虚美实刺之法，如郑庄贪许，后才赞他知礼，即刻便议其失政刑，有此一刺连美处都认真不得。又有美刺两藏之法，如荀息不食言，有得有失，引白圭作断，两意都到，与敏称华耦，古称陈桓，同一笔意。又有怒甲移乙之法，如卫朔入卫，既不便扫诸侯又不当贬王人，因曲笔反责左右二公子，真有触背两避之巧也。①

所谓“虚美实刺”“美刺两藏”“怒甲移乙”，都是委婉深曲的“春秋笔法”。吴闿生在《与李右周进士论左传书》一文中也有类似的看法：“凡其所推崇褒大者，皆必有所不足；其所肆情诋毁者，必有所深惜者也。”② 所以，《左传》的篇章命意各有特点和针对，当具体篇章具体分析。

《左传》有些篇意必须联系前后若干年的历史才能明白，所谓“须一气读方能彻其全神”③。如文公十六年，“宋昭公之死，文公昵比襄夫人而弑之耳。传之所载，一则曰‘昭公无道’，再则曰‘君无道’；至述其将死之词，则曰‘不能其大夫至于君祖母以及国人，诸侯谁纳我’，视太子申生、郤至之言无以异，何其慈良而温厚也。文公之篡也，华元实戴之，传未尝有所刺也”④。单就此篇而言，甚至看不到文公有篡位的意图，更无论其他“乱臣贼子”了。可是过了二十二年（即成公二年），到宋文公去世之时，《左传》写道：

---

① 冯李骅、陆浩：《左绣》，《四库全书存目丛书》，经部第 141 册，齐鲁书社 1997 年版，第 140 页。

② 吴闿生撰，白兆麟校注：《左传微》，黄山书社 1995 年版，第 13 页。

③ 冯李骅、陆浩：《左绣》，《四库全书存目丛书》，经部第 141 册，齐鲁书社 1997 年版，第 142 页。

④ 吴闿生撰，白兆麟校注：《与李右周进士论左传书》，《左传微》，黄山书社 1995 年版，第 4 页。

> 八月，宋文公卒，始厚葬，用蜃炭，益车马，始用殉，重器备。椁有四阿，棺有翰、桧。君子谓华元、乐举于是乎不臣。臣，治烦去惑者也，是以伏死而争。今二子者，君生则纵其惑，死又益其侈，是弃君于恶也，何臣之为？

《左传》借君子的声吻批评华元“不臣”的行为：“君生则纵其惑，死又益其侈”，读到这里，连二十二年前称美宋文公即位前“礼于国人”等行为都认真不得了，其篡位的行径到这才算真正盖棺定论。吴闿生就此论道：“文公之篡也，华元实戴之，传未尝有所刺也；至于文公既死，乃借其厚葬之失而痛斥华元之‘不臣’，责其不能‘伏死而争’，此岂为厚葬言之哉？”① 像这样的情况在《左传》中不为少数，又如“襄仲之乱，固质叙其事矣，而亦未尝有所刺也；至于归父之聘齐，乃假晏桓子之言以痛斥之，曰‘谋人，人亦谋己。一国谋之，何以不亡？’其切齿如此，此岂为归父言之哉？积忿于襄仲而发之于其子也。”②

总之，《左传》因事命意，随物赋形。其中许多篇什婉曲其辞，言在此而意在彼，本书后文若遇到具体篇章再具体而论；另外，《左传》许多篇章必须联系前后若干年的传文才能“彻其全神”。

---

① 吴闿生撰，白兆麟校注：《与李右周进士论左传书》，《左传微》，黄山书社 1995 年版，第 4 页。

② 吴闿生撰，白兆麟校注：《与李右周进士论左传书》，《左传微》，黄山书社 1995 年版，第 4 页。

第二章 《左传》的文体及其特点

第一节 编年体中包孕传记体和纪事本末体

古人论文，常常先论文章的文体特征。宋倪思说："文章以体制为先，精工次之；失其体制，虽浮声切响，抽黄对白，极其精工，不可谓之文矣。"① 明陈洪谟也说："文莫先于辨体，体而后意以经之，气以贯之，辞以饰之，体者，文之干也……体弗慎则文庞。"② 论文以体为先，其来有自。本书拟遵循旧例，简述如次。

《左传》，继承《春秋》"以事系日，以月系时，以时系年"的记述方式，严格按照编年体撰叙而成。《左传》之前的典籍留存到今天的已不多见，如大家所熟知的《诗》《书》《易》《春秋》诸书，《诗》和《易》的体制特征与《左传》相去较远，前二书的文体与其没有明显的承袭或因创的关系。《尚书》为现存最早的记言史书，却并无一定的体例。章学诚说："《书》无定体。"③ 又说："《尚书》无定法而左氏有定例。"④ 左氏继承了《春秋》的编年

---

① 《文章辨体序说》"诸儒总论作文法"，王水照编：《历代文话》（第二册），复旦大学出版社 2007 年版，第 1592 页。

② 《文体明辨序说》"文章纲领"，王水照编：《历代文话》（第二册），复旦大学出版社 2007 年版，第 2048 页。

③ 章学诚著，叶瑛校注：《文史通义校注》，中华书局 1985 年版，第 39 页。

④ 章学诚著，叶瑛校注：《文史通义校注》，中华书局 1985 年版，第 49 页。

“成例”，这是显而易见的，同时又突破了编年体的一些局限：在漫长的线性编年体中夹入传记、纪事本末体。瞿林东说：“《左传》在编撰形式上对编年体有很大发展，即在编年记事的总格局中，也有集中记一件史事本末原委的，或集中写一个人物活动经历的。”① 所谓“集中记一件史事本末原委”即为纪事本末体，“集中写一个人物活动经历”则为传记体。

在《左传》中除了以一整篇文字集中记录一人或一事始末外，还有在若干年内陆续写完一人或一事的。如果说前者是较为整齐的传记、纪事本末体的话，后者则是传记、纪事本末体与编年体的复合形式。前者可以单独成篇，后者则需通过归纳综合之后方可连缀成文。两者都还算不得是成熟的传记体或纪事本末体。当然，记人、记事有时候并不能截然分开，所以传记体和纪事本末体有时也可并行不悖。如僖公二十三年记录晋公子重耳流亡的经过及其回国即位的事：

> 晋公子重耳之及于难也，晋人伐诸蒲城。蒲城人欲战重耳不可，……遂奔狄，……将适齐，……处狄十二年而行。
>
> 过卫，卫文公不礼焉……
>
> 及齐，齐桓公妻之，有马二十乘。公子安之。从者以为不可。将行，谋于桑下，……姜与子犯谋，醉而遣之……
>
> 及曹，曹共公闻其骈胁，欲观其裸。浴，薄而观之……

① 瞿林东：《中国史学史纲》（第一册），上海人民出版社 1986 年版，第 31 页。

及宋，宋襄公赠之以马二十乘。

及郑，郑文公亦不礼焉。叔詹谏曰："臣闻天之所启，人弗及也，……况天之所启乎！"弗听。

及楚，楚子飨之曰："公子若反晋国，则何以报不谷?"……对曰："若以君之灵，得反晋国。晋、楚治兵，遇于中原，其辟君三舍，……"……乃送诸秦。

秦伯纳女五人，怀嬴与焉，……他日，公享之，……公子赋《河水》。公赋《六月》，……

二十四年又记晋文公回晋即位事：

春，王正月，秦伯纳之，……

……二月甲午，晋师军于庐柳。秦伯使公子縶如晋师。师退，军于郇。辛丑，狐偃及秦、晋之大夫盟于郇。壬寅，公子入于晋师。丙午，入于曲沃。丁未，朝于武宫。戊申，使杀怀公于高粱……

……三月，晋侯潜会秦伯于王城。己丑晦，公宫火。瑕甥、郤芮不获公，乃如河上，秦伯诱而杀之。晋侯逆夫人嬴氏以归。秦伯送卫于晋三千人，实纪纲之仆。

初，晋侯之竖头须，守藏者也。其出也，窃藏以逃，尽用以求纳之……

晋侯赏从亡者，介之推不言禄，禄亦弗及，……晋侯求之不获。以上绵为之田，曰："以志吾过，且旌善人。"

晋文公从僖公四年开始出逃，在外流亡了十九年之久，直到僖公二十四年才在秦国的帮助下回晋即位。这个过程实际上绵延了二十来年，但是左氏却集中笔墨在两年之内着重叙述，多层次清晰地展示了重耳的性格由不成熟到成熟的发展历程，并使晋文公的形象栩栩如生、千载如见。僖公二十三年是重耳在外流亡的最后一年，二十四年是其回国即位的头一年，这样安排，不但前后衔接，而且首尾完备，使读者颇有原始要终之感。虽分布在两年之中，实际上是连续成篇，在某种程度上可以看成是晋文公的传记。

白寿彝说："像这样，《左传》把这近二十年的事情写在一年的下面，总不好说是编年体。他写的是重耳流亡的总过程，可以说是纪事本末体。他写的又是这个重耳的事迹，也可以说是传记体。"① 陈衍《石遗室论文》说："《左传》叙郑武公娶于申一大段，晋穆侯之夫人一大段，晋公子重耳之及于难一大段，皆记前后数十年事，开后世史家'纪事本末'之体，视《尚书·金縢》篇更为详明耳。"② 又如宣公三年，"郑穆公刈兰"，林纾论道："此文虽属编年之中，实则别成为郑穆公一小传。"③ 纵观全书，《左传》的人物传记可分为四种形态：

（1）"随举一事而为之传。"④ 这种情况多见于"闪现型"⑤ 的人物记述中。其主要特点是记录某个人物一个片段性的故事或一段较突出的经历。如宣公二年"赵盾弑其君"。文章没有详细铺陈故

---

① 白寿彝：《中国史学史》（第一册），北京出版社 1999 年版，第 140 页。

② 王水照编：《历代文话》（第七册），复旦大学出版社 2007 年版，第 6683 页。

③ 林纾：《左传撷华·郑穆公刈兰》篇后评，商务印书馆民国十年版。

④ 章学诚《文史通义·传记》篇："盖包举一生而为之传，《史》《汉》列传体也；随举一事而为之传，《左氏》传经体也。"这里借用其名。另参易平：《〈左传〉中的传记体雏形》，《安徽师范大学学报》，1982 年第 4 期。

⑤ 孙绿怡：《〈左传〉与中国古典小说》，北京大学出版社 1992 年版，第 33 页。

事的全部过程，而是选取几个关键性的小故事来突出赵盾沉静矜庄的性格，这些小故事是在赵盾与晋灵公之间的矛盾斗争中逐步展开的。随着故事情节的推进，人物形象也就越来越清晰。又如楚武王夫人邓曼，《左传》只在桓公十三年和庄公四年记录了她与楚武王的两次对话，两次对话都体现出一个见识超群、富于内涵的妇女形象。这类人物在《左传》中较为多见，大多是历史意义相对薄弱的人物，不乏一闪而过的匆匆过客，如谏臣、寺人、乐工等。

（2）“包举一生而为之传”。这种情况多见于“累积型”① 人物形象的塑造中。《左传》中的一些重要历史人物参与了广泛的社会活动，“随举一事”不足以传其风神，于是，通过一系列的历史事件来全面展示其形象个性。《左传》记载子产的事迹就是如此。从襄公八年子产出场一直写到昭公二十年子产去世，按时间顺序前后写了子产四十余年的主要经历。《左传》中子产的事迹是分年散见，这与后世成熟的传记体显有差别。不过，通过这些散见的事迹我们还是可以看到一个比较完整的人物形象。如郑庄公、晋惠公、楚灵王、吴王阖闾、晏婴、夫差、叔向、伍员等也都如此。

（3）以霸主、名臣为中心，略具本纪、列传体的规模。春秋时期诸侯纷争，强国称霸这一历史事实决定了《左传》编纂结构的特点。《左绣》也说：“《左传》大抵前半出色写一管仲，后半出色写一子产，中间出色写晋文公、悼公、秦穆公、楚庄数人而已。”② 左氏在一定的历史时期，总是突出一个或几个人物，集中笔墨为其记述，这显然是有主次轻重的意图的。如春秋初年，郑庄小霸，从隐

① 孙绿怡：《〈左传〉与中国古典小说》，北京大学出版社 1992 年版，第 33 页。

② 冯李骅、陆浩：《左绣》，《四库全书存目丛书》，经部第 141 册，齐鲁书社 1997 年版，第 142 页。

公元年到桓公十一年，郑国的活动在《左传》中占据了最重要的地位。除了记录《春秋》所载录的郑事，还大量补充了其他内容。如“周郑交质”“周桓王失郑”“繻葛之战”，以及“郑败北戎”“救齐”等。郑庄公平息共叔段的内乱之后，以强劲的势头争夺霸权，不断摧毁周王的权威，“挟天子以令诸侯”，对外“攘夷”，捍卫中原利益，初开春秋霸业的格局。这一系列的记述，将郑庄公的形象比较立体地展示了出来。郑庄公算不得春秋五霸中的一员，尚且如此。对其他的霸主如齐桓公、秦穆公、楚庄王等记述得更为有声有色，自不在话下。章学诚说：“左氏一变而为史迁之纪传。”① 从此可略见一斑。

（4）合数人于一传。《左传》除了主要记述一人的“独传体”外，还有合数人事迹并写的“合传体”。如闵公二年，将共仲与哀姜合传；襄公二十五、二十七、二十八年的齐崔杼、庆封合传，宣公四年若敖氏越椒、子文合传，成公十三年，声伯之母与声伯外妹合传等，便是有代表性的例子。这可以看作是《史记》中《廉颇蔺相如列传》等篇的滥觞。②

纵观《左传》，纪事本末体可分两种形态，一种是以单篇的形式完整记录一事本末的，如“晋重耳流亡及回国即位”等；另外一种就是在若干年内陆续写完一人或一事的情况，将这类有着内在联系而又“隔传相接”的文字迄缀起来看，一些事情的来龙去脉就更加一目了然了，如近人吴闿生所撰的《左传微》，就是以清初史学家马骕的《左传事纬》为蓝本，而稍作更定，所辑文章共计一百一十篇。马本“以事为主”，而此本“以文为主”。吴闿生于《文史

① 章学诚著，叶瑛校注：《文史通义校注》，中华书局1985年版，第49页。

② 参易平：《〈左传〉中的传记体雏形》，《安徽师范大学学报》，1982年第4期。

甄微》中云："左氏古本，每事自为一章；分传者依经次第，割散传文。"左氏古本，无可考文献，现已无法知晓其真面目，若按其所说"每事自为一章"，则左氏古本已然成为原原本本的纪事本末体了。由于文献阙如，只能存疑。但逆向而思，其能于《左传》中综辑出如此多记事的篇什，将"隔'传'相接"、分年散编的事迹整理成一个个本末完整的故事，则《左传》已包孕纪事本末体当可进一步得到说明。当代学者朱东润辑有《左传选》，也是参考《左传事纬》的体例和材料而成书，共选有十三篇有代表性的纪事本末体的作品。

然而，左氏毕竟还缺乏自觉的纪事本末体和传记体的文体意识，我们只能说《左传》包孕了传记体，而并非成熟的传记体，成熟的传记体要到司马迁才真正定型。这是从外部特征，即编次的体例来看《左传》的文体属性。从内部特征即文章的体制风貌来看，《左传》为解释《春秋》而作，属"史传"体，这已为刘勰《文心雕龙·史传》所论定：

> 自平王微弱，政不及雅，宪章散紊，彝伦攸斁。昔者夫子闵王道之缺，伤斯文之坠，静居以叹凤，临衢而泣麟，于是就太师以正雅颂，因鲁史以修春秋，举得失以表黜陟，征存亡以标劝戒：褒见一字，贵逾轩冕；贬在片言，诛深斧钺。然睿旨存亡幽隐，经文婉约，丘明同时，实得微言，乃原始要终，创为传体。传者，转也；转受经旨，以授于后，实圣文之羽翮，记籍之冠冕也。①

① 刘勰著，范文澜注：《文心雕龙注》，人民文学出版社1958年版，第283－284页。

刘勰将《左传》归在“史传”体中，自然非常恰当。但是，刘勰的“史传”体几乎包括所有体例的历史著作，如《战国策》《史记》《汉书》等。明谭浚《言文》论“传”体也是糅合二者而言：“传，传也，传述其事以示后人也。《博物志》曰：‘传，转也，转授经旨以授其后。’若《春秋》三传、《战国》七策、两《汉书》、二十一史。是立义选言，依经树则，述远不诬，记近弗回。尊贤隐讳，先王之旨；戒慝惩奸，良史之直。”① 这就意味着无论是“立义选言”的“史传”，还是“依经树则”的“经传”，都可纳入到“传”当中。

然而，《左传》作为“史传”又有其独特的一面，刘勰所谓“传者，转也；转受经旨，以授于后”，又充分说明《左传》具有《春秋》三传之外的其他“史传”所不具有的“经传”性质。但《文心雕龙》没有“经传”一体。后来有人注意到了，不过也不称“经传”体。姚鼐在《古文辞类纂·序》中论及“序跋”（按，此书另有“赠序”一类以相区别）时说：“序跋类者，昔前圣作《易》，孔子为作《系辞》《说卦》《文言》《序卦》《杂卦》之传。以推论本原，广大其义。”② 这是将孔子解释《易经》的《易传》归在“序跋”类中。古来经典多有为其作解的“序”或“跋”，不独《易》。“《诗》《书》皆有序，而《仪礼》后有记，皆儒者所为。”③ 从对元典加以阐释、烛微显幽，使其意蕴更加彰明的角度来看，《左传》似也可归在此列。这是《左传》有别于其他“史传”应当注意的地方。

---

① 王水照编：《历代文话》（第三册），复旦大学出版社 2007 年版，第 2417 页。

② 姚鼐：《古文辞类纂》，岳麓书社 1988 年版，第 1 页。

③ 姚鼐：《古文辞类纂》，岳麓书社 1988 年版，第 1 页。

第二节 《左传》中的其他文体及其特点

《左传》篇幅巨丽，内容赅博，因事而生文，所以文备众体。颜之推说："夫文章者，原出五经……书奏箴铭，生于《春秋》者也。"① 刘勰也说："……纪传铭（盟）檄，则《春秋》为根。"② 这里所说的《春秋》，都是指《左氏春秋传》。梁任昉《文章缘起》亦云："六经素有歌、诗、诔、箴、铭之类：《尚书》帝庸作歌，《毛诗》三百篇，《左传》叔向诒子产书，鲁哀公孔子诔、孔悝鼎铭，虞人箴……"③ 指出《左传》中有书、诔、箴、铭之类的文体。宋陈骙《文则》辛则说："春秋之时，王道虽微，文风未殄，森罗辞翰，备括规模。考诸《左氏》，摘其英华，别为八体，各系本文：一曰命婉而当，二曰誓谨而严，三曰盟约而信，四曰祷切而悫，五曰谏和而直，六曰让辩而正，七曰书达而法，八曰对美而敏。作者观之，庶知古人之大全也。"④ 这八种文体多为应用性文字，它们都寄附于《左传》当中，另外，陈骙还对每种文体的风格特征加以总结如"婉而当""和而直"之类。

在关注《左传》文体的这些著述中，尤以《文心雕龙》格外引

① 颜之推：《颜氏家训》，中华书局 2007 年版，第 33 页。

② 刘勰著，范文澜注：《文心雕龙注》，人民文学出版社 1958 年版，第 22 页。

③ 任昉撰，陈懋仁注：《文章缘起注》，王水照编：《历代文话》（第三册），复旦大学出版社 2007 年版，第 2519 页。

④ 王水照编：《历代文话》（第一册），复旦大学出版社 2007 年版，第 177 页。

人注目。该书从《明诗》（也有人认为是从《辨骚》开始）至《书记》共二十篇分论上古以至齐梁的各种文体。各体都采用“释名以章义，原始以表末，选文以定篇，敷理以举统”① 的方法加以论析，除了《史传》篇相对明确、集中地述及《左传》并将之奉为此体之圭臬外，其余篇章在“原始以表末”的部分，也即在追溯文体源流的时候也屡次论及《左传》中蕴藏的相关文体。如《颂赞》篇云：“晋舆之称原田，鲁民之利裘鞸，直言不咏，短辞以讽，丘明子高，并谍为诵，斯则野诵之变体，浸被乎人事矣。”② 其所提到的“晋舆之称原田”，见于《左传》僖公二十八年：“晋侯听舆人之诵曰：‘原田每每，舍其旧而新是谋。’”

又《祝盟》篇云：“蒯聩临战，获佑于筋骨之请；虽造次颠沛，必于祝矣。”③ 其所论蒯聩（按，聩通聩）事见哀公二年：“卫太子祷曰：‘曾孙蒯聩敢昭告皇祖文王、烈祖康叔，文祖襄公：郑胜乱从，晋午在难，不能治乱，使鞅讨之。蒯聩不敢自佚，备持矛焉。敢告无绝筋，无折骨，无面伤，以集大事，无作三祖羞。大命不敢请，佩玉不敢爱。’”

又《谐隐》篇云：“昔华元弃甲，城者发睅目之讴；臧纥丧师，国人造侏儒之歌：并嗤戏形貌，内怨为俳也。”④ 《左传》宣公二年，郑伐宋，宋师败绩，华元被郑俘虏。宋人准备赎回华元，当其

① 刘勰著，范文澜注：《文心雕龙注》，人民文学出版社 1958 年版，第 727 页。

② 刘勰著，范文澜注：《文心雕龙注》，人民文学出版社 1958 年版，第 157 页。

③ 刘勰著，范文澜注：《文心雕龙注》，人民文学出版社 1958 年版，第 176 页。

④ 刘勰著，范文澜注：《文心雕龙注》，人民文学出版社 1958 年版，第 270 页。

还在赶往郑国的路上，华元就已逃了回来。后宋筑城，华元作为主持人巡视工作，筑城的人唱歌说（讴曰）：“睅其目，皤其腹，弃甲而复。于思于思，弃甲复来。”华元让他的骖乘对筑城的人说：“牛则有皮，犀兕尚多，弃甲则那?”筑城的人又说：“从其有皮，丹漆若何?”襄公四年，冬十月，邾国人、莒国人攻打鄫国，鲁国就派臧纥去救援鄫国，可是在狐骀被邾国给击败了。鲁国的人们就讥讽说（诵之曰）：“臧之狐裘，败我于狐骀；我君小子，侏儒是使，侏儒侏儒，使我败于邾。”

其他如《箴铭》《诔碑》《哀吊》《檄移》《书记》等篇也都在沿波讨源的过程中论及《左传》相应的文体。纵观刘勰《文心雕龙》，从《明诗》到《书记》共20篇①，所涉及的文体种类，只有“封禅”一类为《左传》所无，其余各体，均为《左传》所蕴藏。

自《文选》裒辑文章按体编次以来，后世文章总集多仿此例。前面提到过真德秀的《文章正宗》，开后世文章选本录选《左传》之先河。该书分文章为辞命、议论、叙事、诗歌四类；除诗歌不录《左传》外，其他三类尽以《左传》之文冠于卷首。这种文体分类法看起来有些粗疏，但与我们今天通常将文章分为叙事、议论、说明等几种体裁非常接近。明代文体学家吴讷在《文章辨体》凡例中称赞道：“独《文章正宗》义例精密……古今文辞，固无出此四类之外者。”② 当代学者褚斌杰也认为《文章正宗》四分法“开启了后世分门系类的做法”③。但毕竟《文章正宗》重在收文不在辨体，

---

① 这二十篇依次为：《明诗》《乐府》《诠赋》《颂赞》《祝盟》《箴铭》《诔碑》《哀吊》《杂文》《谐隐》《史传》《诸子》《论说》《诏策》《檄移》《封禅》《章表》《奏启》《议对》《书记》。

② 王水照编：《历代文话》（第二册），复旦大学出版社2007年版，第1587页。

③ 褚斌杰：《中国古代文体概论》，北京大学出版社1990年版，第30页。

所以吴讷又说："然每类之中，众体并出，欲识体而卒难寻考。"①

吴讷的《文章辨体》是明代著名的文体学著作，所录文章共分49体，其中"谕告、论谏、书、箴、铭"5体收录《左传》文章共13篇。徐师曾在《文章辨体》的基础上编成《文体明辨》一书，正体分为101体，附录26体，共127体。其中"命、国书、命、盟、书、史论、铭"诸体收录《左传》文章共12篇。后贺复徵在前两书的基础上编成卷帙浩繁的《文章辨体汇选》，共分132类，条分缕析，集文类之大成。其中"盟、誓、论谏、上书、书、史论、史传"诸体收录《左传》文章126篇。明唐顺之的《文编》也是按体收文，共选《左传》文章7体59篇（对1篇、谏疏9篇、论疏9篇、疏请2篇、论8篇、论2篇、辞命28篇）。清末曾国藩的《经史百家杂钞》将文体分为11类，其中"词赋、诏令、奏议、书犊、哀祭、叙记"6类收入《左传》文章共27篇。

以上只是录选《左传》按体分类的选本中较有代表性的一部分，这些选本所选《左传》文章的文体种类各有参差，互有补益，从侧面反映出《左传》文体的丰富性。由于各个选本的宗旨和出发点不尽相同，加之它们并不是专门研究《左传》文体的著作，所以对《左传》文体的诠释、分辨各有偏尚，总体上都还不够全面彻底。更为严重的问题是各种文体的归类没有统一的标准，同一篇文章在甲、乙选本中可能归属不同的文体，文体相同的文章在同一选本中也可能被区分在不同的类别当中。如唐顺之的《文编》卷二所录的文体为"对"，节录《左传》中的《芋尹无宇对楚子》，其卷三十五为"辞命"，又从《左传》中选录《齐国佐对晋人》等

① 王水照编：《历代文话》（第二册），复旦大学出版社2007年版，第1587页。

“对”十来篇，相同的文体安置在不同的体类当中，显得驳杂零乱。又，同是“论”，卷二十二和卷三十五又分别录入 8 篇和 2 篇，后两篇或可归为“史论”之列而与前 8 篇有所不同，但终有含混之憾。四库馆臣说其“进退亦多失据，盖汇收太广，义例太多，踳驳往往不免”①，可谓肯綮之论。

当然，文体的分辨向来就是一个难题，因为文体本身的开放性和不稳定性往往使得人们在对其归类时有左右摇摆的空间。如“疏”，根据其实际功用的不同，唐顺之又将其分为“谏疏、论疏、疏请”等，“谏疏”不但可以归为“谏”或“书”或“上书”体当中，有时又可属于“辞命”之列，这三种有时又可同归于“论”体当中。类似情况，四库馆臣在论及贺复徵的《文章辨体汇选》时就说过：

> 有一体而强分为二者，如既有“上书”，复有“上言”，仅收《贾山至言》一篇；既有“墓表”，复有“阡表”，仅收欧阳修《泷冈阡表》一篇；“记”与“纪事”之外，复有“纪”，“杂文”之外，复有“杂著”是也。有一文而重见两体者，如王褒《僮约》，一见“约”，再见“杂文”；沈约《修竹弹甘蕉文》，一见“弹事”，再见“杂文”；孔璋《请代李邕表》，一见“表”，再见“上书”；孙樵书《何易于事》一见“表”，再见“纪事”是也。②

由于批评家主观认识的差异或逻辑严谨的缺失，使得同一文体

① 永瑢等撰：《四库全书总目》，中华书局 1965 年版，第 1716 页。
② 永瑢等撰：《四库全书总目》，中华书局 1965 年版，第 1723 页。

归属在不同的名目之下；又由于不同文体之间存在交叉、重叠的关系，又使得同一文章被多种文体所接纳。诸种情形使得文体的分辨难于整齐划一。可见，文体的归类并不是一件容易的事。

清章学诚说："文体虽繁，要不越此七类例（按，此七类为：论事、传赞、辞命、叙例、考订、叙事、说理），其源皆本六经，而措力莫切于《左传》，学者其可不尽心乎？"① 这是说各种文体都本源于六经，但学者最应当用心学习的是《左传》。按其逻辑，则《左传》已包罗源出于六经的各种文体。其又说"至战国而文章之变尽，至战国而著述之事专，至战国而后世之文体备"②，这是著名的"文体备于战国"说。若如其所论，毫无疑问，《左传》当居功至伟。纵观春秋战国，著述当中以文体之多样而论，《左传》实属独一无二。

兹在前人已有的研究基础之上，结合《左传》本身的特点，去繁就简，作一次全面的分类。前人所论《左传》的文体，其实有的是左丘明的"创作"，有的则是左丘明"记录"在《左传》当中的文体，二者宜分别论之。左丘明在写作《左传》的过程中，利用历史材料，自己运思、组织语言所形成的文体姑且称之为其"创作"的文体，可分为叙记、论说、杂文三大类。《左传》所"记录"的文体可分为哀祭、诏奏、书说、赋颂四大类。现分别叙说如下。

（1）叙记类。历史著作重在记录发生过的事情，刘知幾云："史之美者，以叙事为先。"③ 凡叙录历史事件或人物言行都可称为

---

① 章学诚著，仓修良编注：《文史通义新编新注》，浙江古籍出版社 2005 年版，第 151 页。

② 章学诚著，叶瑛校注：《文史通义校注》，中华书局 1985 年版，第 60 页。

③ 刘知幾撰，浦起龙通释，吕思勉评：《史通》，上海古籍出版社 2008 年版，第 119 页。

叙记体。任昉《文章缘起》云：“记者，所以叙事识物，以备不忘，非专尚议论者也。”① 这是史学著作最为基本的文体功能。《经史百家杂钞·序例》说：“《左传》记大战，记会盟，及全编，皆记事之书。《通鉴》法《左传》，亦记事之书。”《左传》从头至尾都以记事为己任，其中记大战尤为可观。如僖公十五年秦晋韩之战、僖公二十八年晋楚城濮之战、宣公二十年晋楚邲之战、成公二年齐晋鞌之战、成公十六年晋楚鄢陵之战等。《左传》不但叙大战精妙绝伦，叙短战也精彩纷呈，如《左绣》所言：“《左氏》极工于叙战，长短各极其妙。短者如‘衷戎败制’‘鸡父槜李’等，或详谋略事，或详事略谋，或谋与事合，至简至精。”② 除了叙战之外，左传之记人、记言、记鬼神、妖梦、怪异之事等都属叙记体。

（2）论说类。阐明观点，陈说己见，称为论说。《文章正宗》议论类说：“按议论之文初无定体，都俞吁咈发于君臣会聚之间，语言答见于师友切磋之际，与凡秉笔而书，缔思而作者皆是也。”③ 可见，论说之体具有较强的实践性和包容性。从论政到论学以至著书立说，都为论说体提供了广阔的空间。《文心雕龙·论说》说：“详观论体，条流多品：陈政，则与议说合契；释经，则与传注参体；辨史，则与赞评齐行；铨文，则与叙引共纪。”④ 其中所谓“释经”“辨史”“铨文”诸体，《左传》兼而备之。

---

① 王水照编：《历代文话》（第三册），复旦大学出版社 2007 年版，第 2530 页。

② 冯李骅、陆浩：《左绣》，《四库全书存目丛书》，经部第 141 册，齐鲁书社 1997 年版，第 141 页。

③ 真德秀：《文章正宗》，《景印文渊阁四库全书》，集部第 1355 册，台湾商务印书馆 1986 年版，第 6 页。

④ 刘勰著，范文澜注：《文心雕龙注》，人民文学出版社 1958 年版，第 326 页。

所谓“释经”之论说体，最有特色的当推“凡例”体。“凡例”一词源于杜预的阐述：“发凡以言例，皆经国之常制，周公之垂法，史书之旧章，仲尼从而修之，以成一经之通体。”① 据杜预统计，《左传》中用“凡”共五十例，即所谓“五十凡”，如“凡弑君，称君，君无道也；称臣，臣之罪也”②，“凡师有钟鼓曰伐，无曰侵，轻曰袭”③ 等，这是所谓的“正例”。此外又有所谓“变例”和“非例”：“诸称书、不书、先书、故书、不言、不称、书曰之类，皆所以起新旧，发大义，谓之变例”，“其经无义例，因行事而言，则传直言其归趣而已，非例也”。④ 所谓的凡例，大体是指一些具有普遍意义的原则，能起到提纲挈领、条贯始终的作用。后世图书文集常有“凡例”作编次之说明，实渊源于《左传》解释《春秋》之成法。

所谓“辨史”之论说体，以“君子曰”最具代表，其他还有

---

① 《春秋左传正义》卷一《春秋序》，阮元校刻：《十三经注疏》（下册），上海古籍出版社 1997 年版，第 1705 – 1706 页。

② 《春秋左传正义》卷二一，阮元校刻：《十三经注疏》（下册），上海古籍出版社 1997 年版，第 1869 页。

③ 《春秋左传正义》卷十，阮元校刻：《十三经注疏》（下册），上海古籍出版社 1997 年版，第 1782 页。

④ 《春秋左传正义》卷一《春秋序》，阮元校刻：《十三经注疏》（下册），上海古籍出版社 1997 年版，第 1707 页。

"君子谓""君子是以（知）"及"君子以为"共四种类型①，这也是所谓的"论赞体"。所谓"铨文"之论说体，多体现在（论赞部分）左丘明引《诗》《书》等著作的诠解中（如隐公元年："君子曰：'颍考叔，纯孝也，爱其母，施及庄公。《诗》曰："孝子不匮，永锡尔类。"其是之谓乎？'"），所谓"铨文，则与叙引共纪"。就主观意图而言，左丘明是想通过引用这些家喻户晓的典籍来更加清晰地说明自己的历史观点，但同时从中也可反映出左丘明对这些"引文"意蕴的解读。虽然《诗》《书》也位列经典之中，但是左丘明于此无意于"释经"，而是"赋诗断章，余取所求焉"，所以宜归在"铨文"之列。

（3）杂文类。刘勰《文心雕龙·杂文》说："智术之子，博雅之人，藻溢于辞，辞盈乎气，苑囿文情，故日新殊致。"可见，才华出众的人常常善于创造出新的东西，取得新的突破，文体的创造也不例外。《左传》中属于左丘明"创作"的文体除叙记和论说二

① "君子曰"如："君子曰：'秦穆之不为盟主也，宜哉。死而弃民。先王违世，犹治之法，而况夺之善人乎！《诗》曰："人之云亡，邦国殄瘁。"无善人之谓。若之何夺之？古之王者知命之不长，是以并建圣哲，树之风声，分之采物，著之话言，为之律度，陈之艺极，引之表仪，予之法制，告之训典，教之防利，委之常秩，道之礼则，使毋失其土宜，众隶赖之，而后即命。圣王同之。今纵无法以遗后嗣，而又收其良以死，难以在上矣。'"（文公六年）"君子谓"如："君子谓：'郑庄公于是乎可谓正矣。以王命讨不庭，不贪其土以劳王爵，正之体也。'"（隐公十年）"君子是以（知）"如："君子是以知桓王之失郑也，恕而行之，德之则也，礼之经也。己弗能有，而以与人，人之不至，不亦宜乎？"（隐公十一年）"君子以为"如："范宣子来聘，且拜公之辱，告将用师于郑。公享之。宣子赋《摽有梅》。季武子曰：'谁敢哉？今譬于草木，寡君在君，君之臭味也。欢以承命，何时之有？'武子赋《角弓》。宾将出，武子赋《彤弓》。宣子曰：'城濮之役，我先君文公献功于衡雍，受彤弓于襄王，以为子孙藏。丐也，先君守官之嗣也，敢不承命？'君子以为知礼。"（襄公八年）

体之外还有小品、小说之类的“杂文体”（按，此从刘勰《文心雕龙》之例。所谓“杂”是夹杂多种文体的意思，而非文体形态的性质）。

小品文盛于晚明，而实萌蘖于《左传》。“它以历史上的真人真事为背景材料，又加以依托创造，或写人，或记事，或写人记事并举，通过叙述一定的历史小故事，展现历史人物某一侧面的精神风貌，寄寓一定的历史与人生的经验。形象鲜明生动，用笔委曲尽情。”① 如桓公十年：

> 初，虞叔有玉，虞公求旃。弗献。既而悔之，曰：“周谚有之：‘匹夫无罪，怀璧其罪。’吾焉用此，其以贾害也？”乃献之。又求其宝剑。叔曰：“是无厌也。无厌，将及我。”遂伐虞公。故虞公出奔共池。

这则小品写出了虞公的贪求无厌，虞叔的谨慎远虑。兄不友而弟不恭的连锁反应揭露出春秋时期纲纪倾颓、人伦败坏的社会现实。贪求无度与“怀璧贾害”的人生教训，都给我们留下了绵长的启迪。小品文往往能以小见大，“一粒沙中见大千世界”，在平淡中见出高深、质朴中见出隽永。如襄公十五年的“子罕辞玉”：

> 宋人或得玉，献诸子罕。子罕弗受。献玉者曰：“以示玉人，玉人以为宝也，故敢献之。”子罕曰：“我以不贪为宝，尔以玉为宝。若以与我，皆丧宝也，不若人有其

① 参孙立：《先秦两汉典籍中所见之小品文》，《齐鲁学刊》，1999 年第 5 期。

宝。”稽首而告曰：“小人怀璧，不可以越乡，纳此以请死也。”子罕置诸其里，使玉人为之攻之，富而后使复其所。

《左传》中的某些叙事小品，与《世说新语》中的某些故事大有类似之处。例如定公二年记载的“邾庄公之死”：

邾庄公与夷射姑饮酒，私出，阍乞肉焉，夺之杖以敲之。三年春二月辛卯，邾子在门台，临廷，阍以瓶水沃廷。邾子望见之，怒。阍曰：“夷射姑旋焉。”命执之。弗得，滋怒，自投于床，废于炉炭，烂，遂卒。先葬以车五乘，殉五人。庄公卞急而好洁，故及是。

这与《世说新语·忿狷》有关“王蓝田食鸡子”的故事颇为类似。

与小品文一样，小说也是《左传》中值得注意的一种文体。清冯镇峦在《读聊斋杂说》中说：“千古文章之妙，无过《左传》，最喜叙怪异事，予尝以之作小说看。”① 钱锺书在《管锥编》中指出：“《左传》记言而实乃拟言、代言，谓是后世小说、院本中对话、宾白之椎轮草创，未过也。”② 杨义在《中国古典小说史论》中也认为：“从《春秋》，尤其是《左传》开始的史学作为‘小说之祖’的身份，是不应该忽略的。”③ 今检阅《左传》，其中记怪诞妖梦之事，尤有足称小说之佳构存焉，如成公十年，《晋侯梦大厉》：

---

① 蒲松龄著，冯镇峦评：《聊斋志异冯镇峦批评本》，岳麓书社 2011 年版，第 3 页。

② 钱锺书：《管锥编》（第一册），生活·读书·新知三联书店 2007 年版，第 166 页。

③ 杨义：《中国古典小说史论》，中国社会科学出版社 1995 年版，第 15 页。

> 晋侯梦大厉，被发及地，搏膺而踊，曰："杀余孙，不义。余得请于帝矣！"坏大门，及寝门而入。公惧，入于室。又坏户。公觉，召桑田巫。巫言如梦。公曰："何如？"曰："不食新矣。"公疾病，求医于秦。秦伯使医缓为之。未至，公梦疾为二竖子，曰："彼，良医也，惧伤我，焉逃之？"其一曰："居肓之上、膏之下，若我何？"医至，曰："疾不可为也，在肓之上、膏之下，攻之不可，达之不及，药不至焉，不可为也。"公曰："良医也。"厚为之礼而归之。六月丙午，晋侯欲麦，使甸人献麦，馈人为之。召桑田巫，示而杀之。将食，张，如厕，陷而卒。小臣有晨梦负公以登天，及日中，负晋侯出诸厕，遂以为殉。

此外，如昭公七年"郑人相惊以伯有"、昭公二十五年"宋元公梦太子栾即位于庙"、成公十七年"声伯梦涉洹"、宣公三年"郑穆公刈兰"等篇已开六朝志怪小说之先声。襄公二十五年，"崔杼弑齐庄公"等已有历史演义的雏形。

无论是叙记还是论说，抑或是杂文体中的小品和小说等，仍然是我们今天所常用的文体，对我们的写作依然具有借鉴的意义。下面我们再来看《左传》中所记录的其他文类。

（4）哀祭类，"人告于鬼神考也。"① 通天地、事鬼神是哀祭活动的目的所在。《文心雕龙·哀吊》说："哀者依也，悲实依心，故

① 曾国藩纂，孙雍长点校：《经史百家杂钞》，岳麓书社 1987 年版，第 2 页。

曰哀也。以辞遣哀，盖不泪之悼，故不在黄发，必施夭昏。"①《诔碑》篇又说："诔者累也，累其德行，旌之不朽也。"②据刘勰的解释，哀文主要是生者对死者表达哀伤怀恋的感情；诔文主要是表彰死者生前的德行，其相同之处都是生人与死去的亡灵（鬼）进行的对话。《孝经·士章》疏云："祭者，际也，人神相接，故曰际也。"③《尚书大传》曰："祭之为言，察也，荐至也，言人事至于神也。"④祭祀的目的在于沟通天、人，使"人神相接"。清唐彪在《读书作文谱》中说"祭文"其用有四："祈祷雨旸，驱逐邪魅，干求福泽，祭奠死者。"⑤可见，祭文用途广大。哀祭体见于《左传》者至少有：盟辞、誓辞（祝、诅）、祷辞、诔辞（哀、吊）。

盟辞是通过神灵的监督来约束结盟各方的行为，"祈幽灵以取鉴，指九天以为正，感激以立诚，切至以敷辞"⑥。如：

> 王子虎盟诸侯于王庭，要言曰："皆奖王室，无相害也。有渝此盟，明神殛之。俾队其师，无克祚国。及其玄孙，无有老幼！"（僖公二十八年）

---

① 刘勰著，范文澜注：《文心雕龙注》，人民文学出版社 1958 年版，第 239 页。

② 刘勰著，范文澜注：《文心雕龙注》，人民文学出版社 1958 年版，第 212 页。

③ 唐玄宗注，邢昺疏：《孝经注疏》，阮元校刻：《十三经注疏》，上海古籍出版社 1997 年版，第 2548 页。

④ 伏胜撰，郑玄注，陈寿祺辑校：《尚书大传》，四部丛刊景清刻《左海文集》本，第 210 页。

⑤ 王水照编：《历代文话》（第四册），复旦大学出版社 2007 年版，第 3568 页。

⑥ 刘勰著，范文澜注：《文心雕龙注》，人民文学出版社 1958 年版，第 178 页。

夏五月，晋士燮会楚公子罢、许偃。癸亥，盟于宋西门之外，曰："凡晋、楚无相加戎，好恶同之，同恤灾危，备救凶患。若有害楚，则晋伐之；在晋，楚亦如之。交贽往来，道路无壅，谋其不协，而讨不庭。有渝此盟，明神殛之，俾队其师，无克胙国。"（成公十二年）

其他盟辞，如僖公二十八年宛濮之盟，襄公十一年亳之盟，宣公二十年清丘之盟等。誓辞和盟辞属于同类，只是在仪式上稍有差别，《礼记·曲礼下》云："诸侯使大夫问于诸侯曰聘，约信曰誓，莅牲曰盟。"① 盟相对郑重故用牲，誓则不用牲，当然盟也不一定都用牲，具体操作视情况而言。誓词一般是对自然神和祖先神作出信守诺言的保证，并表示如果不遵守诺言，国家、氏族乃至后代都将降临种种灾难，无疑这些灾难都是最为严重和可怕的，因此也最有威慑力②。如：

秦伯曰："若背其言，所不归尔帑者，有如河。"（文公十三年）

子行抽剑，曰："需，事之贼也。谁非陈宗？所不杀子者，有如陈宗！"（哀公十四年）

其他还有宣公十七年献子之誓，襄公十九年乐怀子之誓，襄公二十五年晏子之誓，昭公六年楚公子弃疾之誓，哀公二年赵简子之誓等。《左传》另外还记载有一种"誓"，文公十六年晋楚鄢陵之

① 孙希旦撰，沈啸寰、王星贤点校：《礼记集解》（上），中华书局1989年版，第140页。

② 参吴承学：《先秦盟誓及其文化意蕴》，《文学评论》，2001年第1期。

战，楚王登巢车望晋军："皆乘矣，左右执兵而下矣。"（伯州犁）曰："听誓也。"这是出征之前举行誓师大会，以鼓舞全军士气。《周礼·士师》说："誓，用于军旅。"① 它与盟、誓本质不同，当归为檄文一类。（《文心雕龙·檄移》云："故知帝世戒兵，三王誓师，宣训我众，未及敌人也。"②）可知军旅誓师也以神灵作为众人行动的监察。盟、誓是从古老的诅誓咒语发展而来的，所以诅辞与盟、誓有着极为相近的文化基因，同时，诅辞和祝辞的关系也极为密切。《尚书·无逸》："至于小大，民否则厥心违怨，否则厥口诅祝。"③（如果统治者不遵循先王之法）百姓内心就会怨恨他们，并在口头加以诅咒。孔颖达疏云："诅祝谓告神，明令加殃咎也。以言告神，谓之祝；请神加殃，谓之诅。"④ 可见，祝辞就是向鬼神禀告人事之辞，有时也称"告"（《左传》桓公二年："冬，公至自唐，告于庙也。凡公行，告于宗庙。"从中可以窥见"告"的相关内涵。又如成公十三年，晋吕相引用秦人"昭告昊天上帝"之辞等）。诅辞则是请神灵来殃咎、惩治对方。《左传》关于祝和诅的记载如：

"晋范文子反自鄢陵，使其祝宗祈死，曰："君骄侈而克敌，是天益其疾也，难将作矣。爱我者唯祝我，使我速

---

① 孙诒让撰，王文锦、陈玉霞点校：《周礼正义》（第六册），中华书局1987年版，第2783页。

② 刘勰著，范文澜注：《文心雕龙注》，人民文学出版社1958年版，第377页。

③ 孙星衍撰，陈抗、盛冬铃点校：《尚书今古文注疏》，中华书局1986年版，第443页。

④ 孙星衍撰，陈抗、盛冬铃点校：《尚书今古文注疏》，中华书局1986年版，第443页。

> 死，无及于难，范氏之福也。”（成公十七年）
>
> 子罕曰：“宋国区区，而有诅有祝，祸之本也。”（襄公十七年）
>
> （晏子曰：）“……民人苦病，夫妇皆诅。祝有益也，诅亦有损。聊、摄以东，姑、尤以西，其为人也多矣。虽其善祝，岂能胜亿兆人之诅？君若欲诛于祝、史，修德而后可。”公说，使有司宽政，毁关，去禁，薄敛，已责。（昭公二十年）

《左传》只记录了与诅相关的历史，没有记录具体的诅文。另如隐公元年郑伯诅射颍考叔者，宣公二年晋诅无畜养群公子，襄公十一年、昭公五年、定公六年共三次同诅于鲁国“五父之衢”，定公五年阳虎大诅等。

祷辞，即向神灵“干求福泽”，求上天保佑之辞。如：

> 晋侯伐齐，将济河，献子以朱丝系玉二，而祷曰：“齐环怙恃其险，负其众庶，弃好背盟，陵虐神主。曾臣彪将率诸侯以讨焉，其官臣偃实先后之。苟捷有功，无作神羞，官臣偃无敢复济。唯尔有神裁之。”（襄公十八年）

哀公二年，《左传》还记录有卫太子蒯聩之祷等。另外，《左传》记录了一些关于“祷”的事，不载祷文本身。如文公十六年晋楚鄢陵之战，晋军的“战祷”以及定公元年季平子祷于炀公等。

《左传》所记载的诔辞，见于哀公十六年，鲁哀公诔孔子之文。与诔相近的文体即哀辞和吊辞，左丘明都仅记载其事。“哀”如文公六年，秦人赋《黄鸟》以哀三良。“吊灾”如庄公十一年，鲁吊宋大水之灾；“吊丧”如文公十四年鲁吊邾文公，以及昭公十三年郑游吉吊晋顷公等。

春秋时代，虽然已经萌生出“夫民，神之主也”（桓公六年）、“神依人而行”（庄公三十二年）、“天道远，人道迩”（昭公十八年）等观念，但是，人们对于神灵的崇拜和敬畏依然非常普遍。《左传》所记录的“人告于鬼神之辞”这类文体从一个侧面折射出当时的社会风尚。“祀”是人与神的交流，是“国之大事”，祭祀文化渗透甚至泛化在社会各个阶层的日常活动中，在“礼崩乐坏”的时代中苟延着一丝顽强的信仰，这是我们能在《左传》中看到如许多的人与鬼神相交接的文体滋生的重要原因。

（5）诏奏类，皆应用性公文。诏，为上级传达给下级的指示性文件。《文心雕龙·诏策》：“故授官选贤，则义炳重离之辉；优文对策，则气含风雨之润；敕戒恒诰，则笔吐星汉之华；治戎燮伐，则声有洊雷之威；眚灾肆赦，则文有春雷之滋；明罚敕法，则辞有秋霜之烈：从诏策之大略也。”① 从刘勰的论次来看，诏策几乎包括了上达下的所有应用性公文。见于《左传》最为显著者如：

> 王使刘定公赐齐侯命，曰：“昔伯舅大公右我先王，股肱周室，师保万民。世胙大师，以表东海。王室之不坏，繄伯舅是赖。今余命女环，兹率舅氏之典，纂乃祖考，无忝乃旧。敬之哉！无废朕命！”（襄公十四年）

《文体明辨·命》云：“上古王言同称为命，或以命官……或以封

① 刘勰著，范文澜注：《文心雕龙注》，人民文学出版社1958年版，第360页。

爵……或以饬职……或以锡赉……或传遗诏……然周文见于《左传》者犹存，故首录之以备一体。”① 其他如僖公四年周召康公命齐太公、僖公九年惠王使宰孔赐齐桓胙等。

除“命”之外，檄文也是“诏”之一种。《文心雕龙·檄移》：“刘献公之所谓‘告之以文辞，董之以武师’者也。齐桓征楚，诘苞茅之阙。晋厉伐秦，则箕部之焚。管仲吕相，奉辞先路，详其意义，即今之檄文。”② 刘勰这段文字故实都源自《左传》，可置不论。另外还有玺书，如：

> 公还，及方城。季武子取卞，使公冶问，玺书追而与之，曰：“闻守卞者将叛，臣帅徒以讨之，既得之矣。敢告。”（襄公二十九年）

奏，为臣下进谏君王之辞。“昔唐虞之臣，敷奏以言；秦汉之辅，上书称奏。”③ 见于《左传》者如：《石碏谏宠州吁》《臧僖伯谏观鱼》《臧哀伯谏纳郜鼎》《宫之奇谏假道》《臧文仲谏卑邾》《子产论晋侯疾》等。这是《左传》中最为成熟的文体之一，历来为文章选家所看重。

（6）书说类。刘勰《文心雕龙·书记》云：“春秋聘繁，书介弥盛：绕朝赠士会以策，子家与赵宣以书，巫臣之遗子反，子产之

① 王水照编：《历代文话》（第二册），复旦大学出版社 2007 年版，第 2082－2083 页。

② 刘勰著，范文澜注：《文心雕龙注》，人民文学出版社 1958 年版，第 377 页。

③ 刘勰著，范文澜注：《文心雕龙注》，人民文学出版社 1958 年版，第 422 页。

谏范宣，详观四书，辞若对面。”① 姚鼐《古文辞类纂》书说类曰：“书说类者，昔周公之告召公，有《君奭》之篇。春秋之世，列国士大夫或面相告语，或为书相遗，其义一也。”② 林纾《春觉斋论文》云：“古曰书记，今曰与书。《左传》郑子家使执讯而与之书，与书二字，始见于此。”诸家所说的“书”实际上包括外交公文、私家书信等。春秋时期列国交聘往来频繁，《左传》不乏此类记载，最著名者如成公十三年《晋吕相绝秦书》。私家书信最称典范者莫过于昭公六年《叔向使诒子产书》。

其他外交公文还有“告”（按，此不同“祝告”之“告”，“祝告”为人告神之辞，此为人与人相告之辞）如：

> 凡诸侯之大夫违，告于诸侯曰：“某氏之守臣某，失守宗庙，敢告。”（宣公十三年）
>
> 卫人以说于晋而免。遂告于诸侯曰：“寡君有不令之臣达，构我敝邑于大国，既伏其罪矣。敢告。”（宣公十四年）

此外又有“对”“让”等，可参看张高评《左传之文学价值》，不赘。

诏奏体和书记体都是人与人的交对之辞，在《左传》中多为政治性公文。通过这些公私文件展现了春秋时代统治阶层在各种场合的政治诉求、利益争端，折射出从天子、诸侯以至公卿列士等各个统治集团或阶层之间及其内部的矛盾和斗争，是春秋时代丰富复杂

① 刘勰著，范文澜注：《文心雕龙注》，人民文学出版社 1958 年版，第 455－456 页。

② 姚鼐：《古文辞类纂》，岳麓书社 1988 年版，第 2 页。

的政治活动的缩影。

（7）赋颂类，源于诗。赋，铺采摛文，直陈其事。颂，称扬他人，美盛德之形容。《左传》中凡所引之诗、歌、诵、讴、谣、谚、箴、铭等均属此类。《左传》之中引诗、赋诗已成专门之学，不赘。诗与歌都是韵文，其区别在于“诗言志，歌咏言”，这意味着诗可以唱也可以诵或念，歌则永远是唱着的诗。《玉海》亦云：“乐词曰诗，诗声曰歌。”① 又《左传》襄公十四年，卫献公违礼让太师歌《巧言》之卒章，太师不愿意。于是，起先对献公就怀恨在心的乐工师曹毛遂自荐，“公使歌之，遂诵之”。杨伯峻注云：“歌与诵不同。歌必依乐谱，诵仅有抑扬顿挫而已。《周礼·大司乐》郑玄注‘以声节之曰诵’，以声节之，只是指讽诵之腔调，非指乐谱，故《晋语》三韦注云：‘不歌曰诵。’”②《左传》之引歌如：

（声伯）从而歌之曰：“济洹之水，赠我以琼瑰。归乎归乎，琼瑰盈吾怀乎！”（成公十七年）

野人歌之曰：“既定尔娄猪，盍归吾艾豭？”（定公十四年）

歌还有几种不同的变体，即谣、讴、诵。陈骙《文则》壬云：“歌之流也，又别为三：一曰谣，二曰讴，三曰诵。周谣《鸜鹆》，晋谣《龙鹑》；城者筑者，所讴不同；国人舆人，其诵亦异。虽皆

① 王水照编：《历代文话》（第三册），复旦大学出版社 2007 年版，第 2404 页。

② 杨伯峻：《春秋左传注》（第三册），中华书局 2009 年版，第 1011 页。

刍词，犹可观法，备见《左氏》，采其尤乎?”① 陈氏所言已非常详审，所论《左传》中的谣、讴、诵见于多处，除其所列之外，还如：

> 童谣有之曰：“鸜鹆之鹆之，公出辱之。鸜鹆之羽，公在外野，往馈之马。鸜鹆跦跦，公在干侯，征褰与襦。鸜鹆之巢，远哉遥遥，稠父丧劳，宋父以骄。鸜鹆鸜鹆，往歌来哭。”（昭公二十五年）
>
> 城者讴曰：“睅其目，皤其腹，弃甲而复。于思于思，弃甲复来。”（宣公二年）
>
> 筑者讴曰：“泽门之晳，实兴我役。邑中之黔，实慰我心。”（襄公十七年）
>
> 国人诵之曰：“臧之狐裘，败我于狐骀。我君小子，朱儒是使。朱儒朱儒，使我败于邾。”（襄公四年）
>
> （子产）从政一年，舆人诵之曰：“取我衣冠而褚之，取我田畴而伍之。孰杀子产，吾其与之!”及三年，又诵之曰：“我有子弟，子产诲之；我有田畴，子产殖之。子产而死，谁其嗣之?”（襄公三十年）

以上这几种文体都起自民间，是劳动人民集体智慧的结晶，有着天然广泛的群众基础，体现了广大民众的心声，合韵可歌使其尤易传播。如同“诗”一样，借此亦可观民风之厚薄。谚语也是劳动人民生活经验和智慧的总结。它与诗和歌不一样的地方是它多为简短的

---

① 王水照编：《历代文话》（第一册），复旦大学出版社 2007 年版，第 184 页。

散句，可能押韵，也可能无韵，为“不歌而诵”之辞。任昉《续文章缘起》论谚曰：“起上古浅言朴语，出自廛陌，质而无华，有裨世务，故经传多所引用。”① 谭浚《言文》云：“谚，俗言也，直语也。廛路浅言，有实无华。稗语闾巷，细碎之言，古有稗官采言，后世谓之偶语、俚语。《书曰》：‘古人有言，牝鸡无晨。’《诗》云：‘先民有言，询及刍荛。’传曰‘夏谚有之’‘周谚有之’之类。”② 谭氏所谓“传”当即《左传》（按，《左传》中无“夏谚有之”之例）。例如：

周谚有之曰：“山有木，工则度之；宾有礼，主则择之。”（隐公十一年）

周谚有之：“匹夫无罪，怀璧其罪。”（桓公十年）

且谚曰：“心苟无瑕，何恤乎无家。”（闵公元年）

谚所谓：“辅车相依，唇亡齿寒。”（僖公五年）

鄙俚通俗、明白易晓、简洁明快、贴近生活、口语化是谚语较为显著的特色。

箴与铭，前引颜之推等已提及。《古文辞类纂》云：“三代以来，有其体矣。圣贤所以自警戒之义，其辞尤质，而意尤深。”③ 可见，箴具有警醒人心的作用。明谭浚论云：“箴，戒也，讽刺以救失，犹箴石以攻病也。昭明曰：‘箴兴于补阙。’胡广《叙箴》曰：

---

① 王水照编：《历代文话》（第三册），复旦大学出版社 2007 年版，第 2550 页。

② 王水照编：《历代文话》（第三册），复旦大学出版社 2007 年版，第 2405－2406 页。

③ 姚鼐：《古文辞类纂》，岳麓书社 1998 年版，第 3 页。

‘圣王求之于下，忠臣纳之于上。’崔瑗《叙箴》曰：‘所宜君子之德，斯乃体国之宗。’故舜求之用木，禹听之垂鞀。卫武箴居于亵御，魏降讽官于后羿。周辛甲百官之箴王阙，而《左传》载虞人一箴。”①《文章辨体》亦云：“周太史辛甲命百官箴王阙，而虞氏掌猎，故为《虞箴》，其辞备载《左传》。后之作者，盖本于此。”②《左传》所载之《虞箴》即：

> 于虞人之箴曰：‘芒芒禹迹，画为九州，经启九道。民有寝、庙，兽有茂草；各有攸处，德用不扰。在帝夷羿，冒于原兽，忘其国恤，而思其麀牡。武不可重，用不恢于夏家。兽臣司原，敢告仆夫。’虞箴如是，可不惩乎？（襄公四年）

宣公十二年，楚王戒民之箴，《左传》对此只记录有简短的两句：“民生在勤，勤则不匮。”铭与箴一样都具有警戒与鞭策的作用，所谓“箴官铭器，警戒实同”③。《文章辨体》云：“铭者名也，名器物以自警也……又有称述先人之德善劳烈为铭者，如春秋时孔悝《鼎铭》是也。”④ 又谭浚《言文》云：“铭，名也，美其善功可称也。《记》曰：‘铭者一称，而上下皆得也。贤者勿伐，可谓恭

① 王水照编：《历代文话》（第三册），复旦大学出版社 2007 年版，第 2399 页。

② 王水照编：《历代文话》（第二册），复旦大学出版社 2007 年版，第 1626 页。

③ 王水照编：《历代文话》（第三册），复旦大学出版社 2007 年版，第 2399 页。

④ 王水照编：《历代文话》（第二册），复旦大学出版社 2007 年版，第 1626 页。

矣。先祖无美而称，是诬也。有善弗知，不明也，知而不传，不仁也。’……蔡邕曰：‘天子令德，诸侯记功，大夫称伐，物莫不朽于金石。故近世咸铭于碑。’挚虞曰：‘德勋立而铭著。’”① 将先人的勋绩铭刻于器物之上以昭示后人，所谓“铭其功烈，以示子孙”（襄公十九年），显然有颂扬先人和鞭策后人的意图。所以刘勰说：“铭者，名也，观器必也正名，审用贵乎盛德。”《左传》所载铭文以昭公七年之例相对完备：

故其鼎铭云：“一命而偻，再命而伛，三命而俯，循墙而走，亦莫余敢侮。饘于是，鬻于是，以糊余口。”（昭公七年）

其他所载都为寥寥两言，如僖公二十五年“礼至铭杀国子”、昭公三年“谗鼎之铭”等。

综观《左传》所记录的文类：哀祭类是人告于鬼神之辞，诏奏类和书说类为人与人的交对之辞，赋颂类为人所自戒自遣之辞。它们具有以下几个方面的特点：

（1）这些文体大都呈现次生性的状态。次生性是相对于原生性而言的，《左传》的原生性文体包括叙事、议论、辞令等，其所蕴藏的其他文体都寄生在其原生性文体之中，它们处于从属的、次生的状态，在某种程度上缺乏独立的品性。诸如盟词、誓词、箴、铭、诔等。以襄公四年的《虞箴》为例：

① 王水照编：《历代文话》（第三册），复旦大学出版社 2007 年版，第 2399 页。

> 无终子嘉父使孟乐如晋，因魏庄子纳虎豹之皮，以请和诸戎。晋侯曰："戎狄无亲而贪，不如伐之。"魏绛曰："诸侯新服，陈新来和，将观于我。我德，则睦，否，则携贰。劳师于戎，而楚伐陈，必弗能救，是弃陈也。诸华必叛。戎，禽兽也。获戎失华，无乃不可乎？夏训有之曰：'有穷后羿——'"公曰："后羿何如？"对曰："昔有夏之方衰也，后羿自鉏迁于穷石，因夏民以代夏政。恃其射也，不修民事，而淫于原兽，弃武罗、伯因、熊髡、龙圉，而用寒浞。寒浞，伯明氏之谗子弟也，伯明后寒弃之，夷羿收之，信而使之，以为己相。浞行媚于内而施赂于外，愚弄其民，而虞羿于田。树之诈慝，以取其国家，外内咸服。羿犹不悛，将归自田，家众杀而亨之，以食其子，其子不忍食诸，死于穷门。靡奔有鬲氏。浞因羿室，生浇及豷，恃其谗慝诈伪而不德于民，使浇用师，灭斟灌及斟寻氏。处浇于过，处豷于戈。靡自有鬲氏，收二国之烬，以灭浞而立少康。少康灭浇于过，后杼灭豷于戈，有穷由是遂亡，失人故也。昔周辛甲之为大史也，命百官，官箴王阙。于《虞人之箴》曰：'芒芒禹迹，画为九州，经启九道。民有寝、庙，兽有茂草；各有攸处，德用不扰。在帝夷羿，冒于原兽，忘其国恤，而思其麀牡。武不可重，用不恢于夏家。兽臣司原，敢告仆夫。'虞箴如是，可不惩乎？"于是晋侯好田，故魏绛及之。

显然，这篇《虞箴》寄生在魏绛与晋侯的对话之中，甚至可以说是淹没在魏绛的长篇大论当中，其原生性文体属于"议""对"辞令一类。此类寄生的文体不是左丘明有意识的创作，很大程度上是其对历史进行秉笔直书或选择性的记录。

（2）这些文体相当一部分尚不成熟，还处于明而未融的形态。《文心雕龙·诠赋》说："至如郑庄之赋大隧，士蒍之赋狐裘，结言短韵，词自已作，虽合赋体，明而未融。"① 刘勰所谓的"郑庄之赋大隧"是隐公元年传："（郑庄）公入而赋：'大隧之中，其乐也融融。'姜出而赋：'大隧之外，其乐也泄泄。'"所谓的"士蒍之赋狐裘"是指僖公五年传："狐裘尨茸，一国三公，吾谁适从?"这些用少数韵语组成、自作自诵的文辞，虽然合于不歌而诵的赋的体裁，但是还处于萌芽的阶段，尚不成熟。又如：

> 夏，四月己丑，孔丘卒。公诔之曰："旻天不吊，不慭遗一老，俾屏余一人以在位，茕茕余在疚。呜呼哀哉尼父！无自律。"（哀公十六年）

刘勰《文心雕龙·诔碑》说："逮尼父卒，哀公作诔，观其慭遗之切，呜呼之叹，虽非叡作，古式存焉。"这是说鲁哀公为孔子作的诔文还不是高明的作品，但古代诔文的格式因此而保存了下来。换句话说，即哀公的这篇诔文还不够成熟，但大体符合诔的文体形态。又如成公十三年，晋《吕相绝秦》之辞中转述秦对楚的一则告文：

> 昭告昊天上帝、秦三公、楚三王曰："余虽与晋出入，余唯利是视。"

① 刘勰著，范文澜注：《文心雕龙注》，人民文学出版社 1958 年版，第 134 页。

这篇简短的告文只是大体具备“告”的体制特点，显然还不够成熟。另外，告辞如哀公二年，宋寺人柳用牲埋书而告公；祷辞如昭公十三年，共王祈冢适；铭文如昭公三年，谗鼎之铭等都无不如此。前引陈骙《文则》在评价歌之流亚——谣、讴、诵三者时云“皆刍词”，可见这些文体确实尚未成熟。

这些文体的不成熟、不完备，与左丘明选择性的略记不无关系。如《左传》僖公九年：“齐侯盟诸侯于葵丘，曰：‘凡我同盟，既盟之后，言归于好。’”左丘明对这则盟辞的记载惜墨如金，非常简略，只注重结果而忽略了对盟辞其他过程的描写。《穀梁传》则记载：“葵丘之盟，陈牲而不杀，读书加于牲上，壹明天子之禁，曰‘毋雍泉，毋讫籴，毋易树子，毋以妾为妻，毋使妇人与国事。”相比《左传》，《穀梁》对结盟双方须遵守的要求进行了较为具体的记录。我们再来看《孟子·告子下》篇中的相关记载：

> 五霸，桓公为盛，葵丘之会，诸侯束牲载书而不血。初命曰：“诛不孝，无易树子，无以妾为妻。”再命曰：“尊贤育才，以彰有德。”三命曰：“敬老慈幼，无忘宾旅。”四命曰：“士无世官，官事无摄，取士必得，无专杀大夫。”五命曰：“无曲防，无遏籴，无有封而不告。曰，凡我同盟之人，既盟之后，言归于好。”

《孟子》的记载比《穀梁》尤其是比《左传》显然更接近该盟辞完整的原貌。对比同一盟辞在不同典籍中的记载情况足以说明《左传》中的记载存在选择性的略记。由于史家注重的是记事，而不是完整地保存文体，所以有的文体只在被提及的一刹那就煞了尾，有的甚至可以说是“名存实亡”。如文公六年传：

> 秦伯任好卒，以子车氏之三子奄息、仲行、针虎为殉，皆秦之良也。国人哀之，为之赋《黄鸟》。

《黄鸟》是《诗经·秦风》中的篇章，辞旨哀婉、悲切动人，是“诗人之哀辞”。① 《左传》仅录篇名，对其哀辞本文却只字未存。读《左传》我们可以知道当时有人为此写过一种叫作“哀”的文章，可以确定“哀”这种文体的存在，但若不是《诗经》原书俱在的话，我们就不会知道《黄鸟》的庐山真面目了。另外如祝辞，《左传》中多有祝史之名及其活动，如桓公六年，“祝史正辞，信也”，惜其只存祝辞之名却未载其文。又如隐公十一年，“郑伯使卒出豭，行出犬、鸡，以诅射颍考叔者”。郑庄公让每百人拿出一头猪，每二十五人拿出一条狗或一只鸡（举行仪式）来诅咒射杀颍考叔的人，这里应该是有一篇“诅辞”的，但是《左传》没有记载下来。像这样“名存实亡”的文体在《左传》中还很多，前面提到的“哀”“吊”就是如此。

此外，这些文体显得不够成熟与这种文体尚处于口头状态或“被口头状态”也有一定的关系。像谣、讴、诵这类本来就在口头流传的文体自不必多说，除此之外，《左传》所记录的其他文体也大都是夹杂在人物表达的言辞当中，是通过历史人物的言辞（说话）传达出来的。这里要分清楚两种情况：一是文体本身处在口头形态，二是左丘明将诸种文体镶嵌在人物的口头对话中。不管是何种情况，都使该文体记录于《左传》时显得不够成熟。前者先天不

① 刘勰著，范文澜注：《文心雕龙注》，人民文学出版社 1958 年版，第 239 页。

足，后者则要受到诸多后天因素的制约，如人物对话的即兴取舍等。这从《左传》“赋诗断章，余取所求”的行为中尤能印证。

（3）这些文体大部分已失去了往昔的生命活力，有些则转化为今天的各种散文。文体的出现有着相应的社会土壤和文化机制，“文体具有特定的文化上的指向，文体指向一般说来与特定时代的文化精神是同一的”①。《左传》中的众多文体都是在春秋时期各种社会关系的处理中应运而生的，随着社会的发展变化，很多文体渐渐地失去了原来的生长环境而走向衰落。拿哀祭文来讲，随着科学文明的发展，人对鬼神的信仰已不再蒙昧盲目，与鬼神有关的文体大都失去了原来的生长土壤。像盟、誓等随着社会法制的健全和社会契约的完善而渐渐淡出了历史舞台，祝、诅、告、祷等文体也只在某些宗教场所或民间社会还残存着一些生机。哀诔文在特定的场合还有其实用性，更为常见的情况则是转化为各种哀悼、怀念、追思的散文在人们的笔头延续着生命。

总之，这些文体的实用性超过文学性。假如以纯文学的眼光来考量这些文体，可能会令人大失所望。它们的历史意义、文化意蕴比文学意味要丰富得多。通过发掘《左传》中的这些文体，可以窥见中国古代文体史初始阶段之一斑。②

① 参见吴承学：《先秦盟誓及其文化意蕴》，《文学评论》，2001 年第 1 期。

② 参见吴承学：《先秦盟誓及其文化意蕴》，《文学评论》，2001 年第 1 期。

第三章 《左传》的篇法

第一节 从“起”“结”看《左传》的篇法

近人来裕恂《汉文典·文章典》云：“汉以前之文，因文生法；唐以后之文，由法成文。因文生法者，文成而法立；由法成文者，法立而文成。是以巧若公输，必以规矩；射如由基，必以彀率。文亦若是，舍法而求之，不得也。”① 好的文章写成之后，就会形成一些带有经验性的规范、法度，可以供后面的人学习和借鉴。宋吕本中谓：“读《庄子》令人意宽思大敢作，读《左传》便使人入法度，不敢容易。”② 金圣叹云：“临文无法，便成狗嗥，而法莫备于《左传》。”③ 可见，《左传》是文章写作技法的集成之作，从篇章到字句无不有法可寻。清邵以发曰：“不读《左传》，不晓炼法、炼篇、炼调、炼句、炼字、慎思勿措，久而入妙。”④ 冯李骅、陆浩在《左绣》中赞道：“《左氏》文字，字有字法，句有句法，章有章

① 王水照编：《历代文话》（第九册），复旦大学出版社 2007 年版，第 8505 页。

② 胡仔：《苕溪渔隐丛话》前集卷四十九，人民出版社 1962 年版。

③ 金圣叹：《金圣叹全集》（第三册），江苏古籍出版社 1985 年版，第 46 页。

④ 邵廷采：《思复堂文集》，浙江古籍出版社 2010 年版，第 547 页。

法，毫发不苟却别有不成字之字法，不成句之句法，不成章之章法。”① 我们这里着重谈谈《左传》的篇法。

日本学者斋藤正谦《拙堂文话》云：“文有头、有腹、有足，是篇法也。”② 将一篇文章分为头、腹、尾，是传统文章学采用“生命之喻”的习惯做法。张秉直《文谈》云：“龙，神物也，其出没变化，不可形状，而画家必具三节，以为不若是不足尽龙之全也。常山之蛇，首、尾、腹自相应。物虽至微，未有身、首、尾不全而可为物者也。天下万事皆然，夫文亦若是而已矣。”③ 文章形态如画家描摹出来的神龙之状，又如“常山之蛇”，首、尾、腹相为连属、有机统一。从直观形态上将一篇文章分为：“头（首）、腹、尾”，按照写作顺序即是文之“起（始）、中、结（终）”。清何家琪《古文方三种》云：“起、结为头、尾。中，腹也，贵特起，陡接，突转，如山之奇峰，又如江之大波，忽然涌出，令人震骇。”④ 刘熙载《游艺约言》云：“文不外乎始、中、终。始有不得求诸中、终，终有不得求诸始、中，中有不得求诸始、终。”⑤《文心雕龙》章句篇云：“启行之辞，逆萌中篇之意；绝笔之言，追媵前句之旨，故能

---

① 冯李骅、陆浩：《左绣》，《四库全书存目丛书》，经部第 141 册，齐鲁书社 1997 年版，第 140 页。

② 王水照编：《历代文话》（第十册），复旦大学出版社 2007 年版，第 9922 页。

③ 张秉直：《文谈》，王水照编：《历代文话》（第五册），复旦大学出版社 2007 年版，第 5087 页。

④ 王水照编：《历代文话》（第六册），复旦大学出版社 2007 年版，第 6041 页。

⑤ 王水照编：《历代文话》（第六册），复旦大学出版社 2007 年版，第 5592 页。

外文绮交，内义脉注，跗萼相衔，首尾一体。”[1]《左传》编年成书，“每事自为一章”，短则四五字（如桓公元年，“冬，郑伯拜盟”），长则数千言（如僖公廿八年，《城濮之战》等），“起”“结”可谓频仍。

“起”一般是指文章的开头。何家琪《古文方三种》又云：“凡文最重发端。起立案，源头立论，高唱而入，或序冠于首，则通篇皆得纲领。《尚书》有焉，《左》亦多此法。”[2]《左传》较具特色的“起”法有总起法，即于篇就总提一篇纲领以统摄全文。如文公二年，《跻僖公》篇，开首即以“逆祀”二字为夏父跻僖公的“非礼”行为定性，所谓“断案如山”，此后文字都是围绕着“逆祀”进行演绎；又如僖公九年，《葵丘之盟》开篇即以“礼也”二字定一篇之主脑，后面都是具体而微的铺写。清方苞于《韩之战》篇后有评云：“左氏长篇多于篇首总挈纲领，而随地异形，其变无方。此篇首惠公以失德致败，篇首具矣。”[3] 有直起法，即开门见山直接引出话题。如宣公二年，《赵盾弑其君》开篇即说“晋灵公不君”，并列举灵公三大罪状（厚敛以雕墙；从台上弹人，而观其辟丸也；宰夫胹熊蹯不熟，杀之，置诸畚，使妇人载以过朝）以引出赵盾、士季等大臣的劝谏及后文。又如桓公五年，《繻葛之战》，文章主体在叙战，但开篇即云“王夺郑伯政，郑伯不朝”，这分明是在揭示战争的导火索，有此一笔，后面的文字皆可乘流而下，势如破竹。

---

① 刘勰著，范文澜注：《文心雕龙注》，人民文学出版社 1958 年版，第 571 页。

② 王水照编：《历代文话》（第六册），复旦大学出版社 2007 年版，第 6039 页。

③ 望溪先生口授，王兆符、程崟传述：《左传义法举要·韩之战》，雍正六年（1728）刊本。

除此之外，根据文情之不同又有突起法，如昭公七年，《伯有为厉》开篇曰“郑人相惊以伯有”，《左绣》云：“‘起’有许多手法，而莫妙于‘郑人相惊以伯有’，纸缝中直有一奇鬼，森然来攫人渡。”① 可谓起得突兀奇绝。又如成公十一年，《晋侯使郤犫来聘》：

> 郤犫来聘，且莅盟。
>
> 声伯之母不聘，穆姜曰：“吾不以妾为姒。”生声伯而出之，嫁于齐管于奚，生二子而寡，以归声伯。声伯以其外弟为大夫，而嫁其外妹于施孝叔。郤犫来聘，求妇于声伯。声伯夺施氏妇以与之。妇人曰：“鸟兽犹不失俪，子将若何?”曰：“吾不能死亡。”妇人遂行。生二子于郤氏。郤氏亡，晋人归之施氏。施氏逆诸河，沉其二子。妇人怒曰：“己不能庇其伉俪而亡之，又不能字人之孤而杀之，将何以终?”遂誓施氏。

此篇开首从晋国大夫郤犫到鲁国来聘问并参加结盟说起，仿若天外来宾、不速之客，让人手忙脚乱不知如何应对，接着说鲁国大夫声伯的母亲没有举行媒聘之礼（便和肸叔同居），这与郤犫来聘又毫无关联，让人又不知其自何而来往何而去，真是起得离奇。王源评曰：“陡然起不知其何来，瞥然过不知其何往，杳然去不知其何终，皆文家胜境。此传只序得‘郤犫来聘且莅盟’一句即陡起，曰‘声

① 冯李骅、陆浩：《左绣》，《四库全书存目丛书》，经部第 141 册，齐鲁书社 1997 年版，第 141 页。

伯之母不聘’，石破天惊不知其何自来也”。①

与起相对应的是结，清李绂《秋山论文》云：“文章精神，全在结束。”② 林纾评《齐豹之乱》（昭公二十年）云：“此篇精神全在首尾。宗鲁一面，似有独见之谈。在圣人一面，则玲珑到底，立义精，断狱确。又经左氏一写，宗鲁似山鸡，而圣人则镜也。山鸡之羽五采纷披，实足以眩人之目，却逃不过镜光之明彻，此为首尾起结之关键。”③ 何家琪《古文方三种》云：“起如河源，结如百川之海也，与起相应，以成章法。明应暗应，正应反应，凡文最重起结。”④ 文章的结尾一方面具有总结性的作用，另一方面又要与“起”形成呼应。只有首尾配合默契，才能收到回环往复的审美效果，如常山之蛇，击首则尾应，击尾则首应。

隐公元年，《郑伯克段于鄢》以“初”（初，郑武公娶于申，曰武姜，生庄公及共叔段）字起，以“初”（遂为母子如初）字结；宣公三年，《郑穆公卒》以“卒”（冬，郑穆公卒）字起，以“卒”（刈兰而卒）字结。

襄公十年，《偪阳之役》以秦堇父作结，使前文对秦堇父等三勇士的笔墨都有了归宿，并且宣扬和强化了“忠勇”的价值观念。林纾云：“三子中，堇父最先见，且其勇与二子不分轩轾。当輂重如役时，安人无南宫万之勇，何必用激而始成其勇？书曰：‘孟氏

① 王源：《左传评》，《四库全书存目丛书》，经部第139册，齐鲁书社1997年版，第252页。

② 王水照编：《历代文话》（第四册），复旦大学出版社2007年版，第4004页。

③ 林纾：《左传撷华·齐豹之乱》篇后评，商务印书馆民国十年版。

④ 王水照编：《历代文话》（第六册），复旦大学出版社2007年版，第6041页。

之臣'，已留下文'为右'之伏脉。"① 又云："秦堇父为殿后之笔，尤见其思力之暇豫。"② 《左绣》于此评点云："一结。另以闲情作掉尾，如此照应收拾，所谓文有首尾者。"③ 裁缝灭尽针线痕迹，可作如此看。"思力之暇豫""闲情"等反映出《左传》文思缜密，布置周严的特点，显示出左氏对篇章安排有着游刃有余、得心应手的功力。

唐陆淳品赞《左传》云："博采众家，叙事尤备，能令百世之下，颇见本末。"④ 《左传》事类庞杂、头绪繁多，而能"颇见本末"，最要者莫如随处作结，林纾云："《左传》为编年文字，然每段咸有结束，又咸有远体远神"。⑤ 清何家琪《古文方三种》在论"始末"时云："史于千百事不书，而所书一二事必具有首尾，并所旁见侧出者悉著之。"⑥ 《左传》兼具纪事本末体之性质，所述史事注重起结，就连文中一般带叙性的细节也注重随处作收束，孙万春《缙山书院文话》云："文章处处有结束，则神力完固。"⑦ 林纾于《左传撷华》中不厌其烦地揭示《左传》这一做法：

"提弥明死之"句断，此时不能突出倒戟战内御之人，

---

① 林纾：《左传撷华·偪阳之役》篇后评，商务印书馆民国十年版。

② 林纾：《左传撷华·偪阳之役》篇后评，商务印书馆民国十年版。

③ 冯李骅、陆浩：《左绣》，《四库全书存目丛书》，经部第141册，齐鲁书社1997年版，第391页。

④ 陆淳：《春秋集传纂例》卷一，《景印文渊阁四库全书》，经部第146册，台湾商务印书馆1986年版，第381页。

⑤ 林纾：《左传撷华·子产为政》篇后评，商务印书馆民国十年版。

⑥ 王水照编：《历代文话》（第六册），复旦大学出版社2007年版，第6042页。

⑦ 王水照编：《历代文话》（第六册），复旦大学出版社2007年版，第6015页。

> 用"初"字起，亦是常法。然使庸手为之，"不言而退"，四字已足了却灵辄矣。不知以介士御公徒，直是反叛，即退而大罪尚存，不声明"自亡"二字，此局仍不之了。此是随手作结穴法，以下再说别事，始与此节不再纠缠。①

提弥明战死之后，此时为赵盾抵御攻击的不是别人，正是晋灵公的卫士灵辄。左氏用"初"字法先追叙灵辄曾受赵盾的一饭之恩，后来灵辄做了晋灵公的卫士。现在灵公设局要杀掉赵盾，灵辄"倒戟以御公徒而免之"，这属于极端反叛、冒天下之大不韪的行为。赵盾问其名居，他"不言而退"，故事到这里似乎可以就此作一个"无言"的结局了，但仍留下许多疑问，左氏随手以"遂自亡也"作结穴，结得干净、彻底，首尾完备，并且可以看作是灵辄的一小传。于此，林纾又论道："篇中人物，布置穿插，琐琐碎碎，无在不有精神，亦无处不有束笔。如'终夕与于燎'，是结束子石；以齐氏之墓予之，是结二子；何忌引《康诰》，是结束齐侯。此三者，小结束也，至夫子之言，则终篇之大结束，与宗鲁之言，首尾相应。"②

整篇中的穿插之琐事，随手写来随手结束，一来可以让琐事自具本末，二来又不干扰到正文的继续推进，是文章布置周密之处。《左传》"叙一丑行之迹，必带叙其后来，如公取郲粮是也。随手写来，即随手结束，毫不着力，此一妙也"③，又如"子闾之忠，不惜死，为白公、石乞之反照。实则随手结束，于正文并不牵涉"④。

---

① 林纾：《左传撷华 · 晋灵公不君》篇后评，商务印书馆民国十年版。
② 林纾：《左传撷华 · 齐豹之乱》篇后评，商务印书馆民国十年版。
③ 林纾：《左传撷华 · 卫侯出奔》篇后评，商务印书馆民国十年版。
④ 林纾：《左传撷华 · 白公胜之乱》篇后评，商务印书馆民国十年版。

《左传》叙事注重随处作结，使事情原始本末完备无缺。杜预论《左传》有所谓“原始要终”之说，这与《左传》行文随处作结密不可分。随处作结保证了故事的相对完整，只有这样才能使其具备“原始要终”的前提和基础。从行文技巧上看则显得针线绵密，前有伏脉，后有照应；笔笔有着落、有归宿。

《左传》被尊为万世古文之祖，其行文之“起”“结”常常出人意料，变化无方，如神龙腾雾，见首不见尾，见尾不见首。起得离奇，结得绝妙，使人不知其从何而起，至何而结，甚或使人惊异其有起无结或结在中间。王源评《卫石碏谏宠州吁》（隐公三年）云：“以‘东宫’二字起，不知其所来，以‘乃老’二字结，不知其所往。起得离奇，结得巉峭，一篇中多少境界，岂若后人文字一览无余也。”① 可见“起”“结”之中往往也是匠心所在。

所谓有起无结，是指文章已经收笔，却让读者有兴致未尽之感。如闵公二年，《晋侯使太子申生伐东山皋落氏》：

> 晋侯使太子申生伐东山皋落氏。里克谏曰：“太子奉冢祀、社稷之粢盛，以朝夕视君膳者也，故曰冢子。君行则守，有守则从。从曰抚军，守曰监国，古之制也。夫帅师，专行谋，誓军旅，君与国政之所图也。非太子之事也。师在制命而已，禀命则不威，专命则不孝，故君之嗣适不可以帅师。君失其官，帅师不威，将焉用之？且臣闻皋落氏将战。君其舍之！”公曰：“寡人有子，未知其谁立焉！”不对而退。见太子。太子曰：“吾其废乎？”对曰：

① 王源：《左传评》，《四库全书存目丛书》，经部第139册，齐鲁书社1997年版，第176页。

> "告之以临民，教之以军旅，不共是惧，何故废乎？且子惧不孝，无惧弗得立。修己而不责人，则免于难。"
>
> 太子帅师，公衣之偏衣，佩之金玦。狐突御戎，先友为右。梁余子养御罕夷，先丹木为右。羊舌大夫为尉。先友曰："衣身之偏，握兵之要，在此行也，子其勉之，偏躬无慝，兵要远灾，亲以无灾，又何患焉？"狐突叹曰："时，事之征也；衣，身之章也；佩，衷之旗也。故敬其事，则命以始；服其身则衣之纯；用其衷，则佩之度。今命以时卒，闷其事也；衣之尨服，远其躬也；佩以金玦；弃其衷也。服以远之，时以闷之；尨凉，冬，杀，金，寒，玦，离，胡可恃也？虽欲勉之，狄可尽乎？"梁余子养曰："帅师者，受命于庙，受脤于社，有常服矣。不获而尨，命可知也。死而不孝，不如逃之。"罕夷曰："尨奇无常，金玦不复。虽复何为？君有心矣。"先丹木曰："是服也，狂夫阻之。曰'尽敌而反'，敌可尽乎？虽尽敌，犹可内谗，不如违之。"狐突欲行。羊舌大夫曰："不可。违命不孝，弃事不忠。虽知其寒，恶不可取。子其死之！"
>
> 太子将战，狐突谏曰："不可。昔辛伯谂周桓公云：'内宠并后，外宠二政，嬖子配嫡，大都耦国，乱之本也。'周公弗从，故及于难。今乱本成矣，立可必乎？孝而安民，子其图之！与其危身以速罪也。"

晋太子申生最后到底有没有率兵攻打皋落氏？文章并没有直接给出答案，只待狐突的一番议论讲些之后连忙收煞全文。文章看似没有结束，其实不然。林纾论云："此篇制局最奇，有起无结。文凡两截：使太子时，有里克一人独谏献公，此一截也；太子既帅师，则有狐突数人群谏太子，此又一截也。而皋落氏到底抗命与否，行成与否，初不一言，就文字而言，实无收束之地。然天下文如左氏，乃有无收束者耶？观两‘不可’字，即可用为此篇之收束。狐突欲行，羊舌大夫曰：‘不可’，太子欲战，狐突曰：‘不可’。羊舌之阻狐突，为诸人进言之收束，狐突之止太子，即为出师不战之收束。”①（按，根据《国语·晋语》的记载，太子申生最后并没有听从狐突等的建议，而是毅然帅军抗击狄人，虽然取得了胜利，但是接踵而来的却是统治集团内部的谮言和打击）不管事实上申生最后到底有没有出兵抗狄，在“忠孝”两难的历史境遇中无论作出何种选择都将付出惨重的代价，《左传》作如此处理，为读者留下了思考和选择的余地。虽然没有一锤定音式的“结尾”，却显得文有尽而意无穷。

文章收结大都在末尾，《左传》有时也将收结转在中间，出人意料。“或叙致一事，赫然如荼火，读者人人争欲寻究其结穴，乃读至收束之处，漠然如淡烟轻云，飘渺无迹，乃不知其结穴处转在中间。如岳武穆过师，元帅已杂偏裨而行，使人寻迹不得。”② 如闵公二年，《狄人伐卫》：

> 冬，十二月，狄人伐卫。卫懿公好鹤，鹤有乘轩者。将战，国人受甲者皆曰：“使鹤！鹤实有禄位，余焉能战？”公与石祁子玦，与宁庄子矢，使守，曰：“以此赞国，择利而为之。”与夫人绣衣，曰：“听于二子！”渠孔御戎，子伯为右；黄夷前驱，孔婴齐殿。及狄人战于荧

---

① 林纾：《左传撷华·晋侯使太子申生伐东山皋落氏》篇后评，商务印书馆民国十年版。

② 林纾：《左传撷华·序》，商务印书馆民国十年版。

> 泽，卫师败绩，遂灭卫。卫侯不去其旗，是以甚败。狄人囚史华龙滑与礼孔，以逐卫人。二人曰："我，大史也，实掌其祭。不先，国不可得也。"乃先之。至，则告守曰："不可待也。"夜与国人出。狄入卫，遂从之，又败诸河。

此篇以卫懿公为主角。与狄人一战，卫懿公生死与否悬在半空，牵动着读者的心绪。狄人入侵中原，在"内中国外夷狄"的潜在心理下，读者似乎更希望卫懿公没战死，尽管他玩物丧志（好鹤）。而左氏又说得非常隐晦："及狄人战于荧泽，卫师败绩，遂灭卫。卫侯不去其旗，是以甚败。"说是"和狄人在荧泽作战，卫军大败，狄人就灭亡了卫国"，到这里大家可能知道卫懿公已经战死了，但是下文接着又说"卫侯不肯去掉自己的旗帜"，这分明是说卫懿公还在负隅顽抗、尚在人间，让人对此前的结果将信将疑，带着这样的疑惑读至文章最后欲寻却又了无下落。于此，王源有精到的点评：

> 用笔有隐显，亦犹是也。然吾用显笔而无笔不显，人固见吾章法所在。即吾用隐笔而无笔不隐，人亦可寻吾章法所存。唯既以隐笔结于前，而旋以显笔提于后，则显然者人之所注目，而隐然者人之所不察矣。懿公之死，乃在"甚败"之后，卫国之亡，即在公死之后，国亡君死曰"灭"，例也。则懿公固隐然消缴于一"灭"字之中矣。但使书"灭卫"于"甚败"之后，而"灭卫"之下即叙戴之庐曹，踪迹尚有可寻。为于"灭卫"之下，紧接曰："卫侯不去其旗"，则尚有懿公在也，曰"是以甚败"，则犹未至于死也。然后将懿公截然撇起，于是读者芒芒然入于云雾之中矣。不知复提卫侯者追述也，即误敌之奇兵，

> 韩信之水上军也。特书灭卫者结卫侯也，即破敌之奇兵，持汉帜之二千骑也。敌之笑我者在此，而我之破敌者已在于彼矣。孰测其如神之妙也哉?①

隐、显错综让人目迷五色、神妙莫测。结得隐微，使人不觉，显者更加起到了误设多方、掩人耳目的作用，文章因此也更加耐人寻味。

文章收结之后，还有余响（即余波），如声籁袅袅盘绕不尽，如水纹荡漾绵绵细长。如庄公十一年《宋大水》：

> 秋，宋大水。公使吊焉，曰："天作淫雨，害于粢盛，若之何不吊?"对曰："孤实不敬，天降之灾，又以为君忧，拜命之辱。"臧文仲曰："宋其兴乎！禹、汤罪己，其兴也悖焉；桀、纣罪人，其亡也忽焉。且列国有凶，称孤，礼也。言惧而名礼，其庶乎！"既而闻之曰公子御说之辞也。臧孙达曰："是宜为君，有恤民之心。"

此篇大意在写宋之将兴，而文末却又拖结到宋公子御说"宜为君"，略微一提，此为正文之余波。《左绣》云："此篇是一案两断法，前一层断宋当兴，后一层断公子宜为君。前详后略，前实后虚。赞公子即是从赞宋内抽笔另提。"② 既然是从赞宋内抽笔另提，那么赞公子御说允为文章之余波。王源于此篇后有评云："小小结构中有起

① 王源:《左传评》,《四库全书存目丛书》，经部第 139 册，齐鲁书社 1997 年版，第 195 - 196 页。

② 冯李骅、陆浩:《左绣》,《四库全书存目丛书》，经部第 141 册，齐鲁书社 1997 年版，第 191 页。

有结，有正义有余波，有变化，与长篇同一。用笔所谓搏象搏兔，俱用全力也。”① 短短数行之中，有余波在焉，更无论长篇之中，尤其是叙大战之后，许多未尽之事犹如余霞散绮般附缀于尾。

僖公二十八年，城濮之战后，晋侯复曹伯、会诸侯于许、作三行御狄；宣公十二年，邲之战后，士贞子谏复荀林父；成公十六年，鄢陵之战后，楚子反自缢，王源评：“末段结楚，谓之余波者，因正传只在范文子前后数语耳。但晋之胜不足以为功，楚之败不得谓无过。”② 昭公二十八年，晋灭祁氏、羊舌氏，魏舒分祁氏之田为七县，分羊舌氏之田为三县；定公五年，吴入郢之役，楚大夫闉舆罢与叶公弟弟后臧逃归。襄公十年，偪阳之役后，宋公用桑林之舞来款待晋侯，林纾论云：“桑林之享，余波也。”③ 王源评《楚公子比自晋归于楚弑其君虔于乾溪》有云：“平王即位以后，写得错错杂杂不一色，除新政数大端外，大抵皆了结前案，盖文之收局处也。或曰后幅尚有如许文字，何得此处收局？曰后幅追述耳，皆余波也，正传固结于此矣。”④ 又王源评《齐晏婴论和同》有云：“末从‘饮酒，乐’拖出一段余波，与前若不相关，最有情致。”⑤ 凡此种种，大抵都是左氏善于收结文字的明证。

清朱景昭《论文刍说》云：“作文时虚心涵泳数遍，通体布格

① 王源：《左传评》，《四库全书存目丛书》，经部第139册，齐鲁书社1997年版，第188页。

② 王源：《左传评》，《四库全书存目丛书》，经部第139册，齐鲁书社1997年版，第262页。

③ 林纾：《左传撷华·偪阳之役》篇后评，商务印书馆民国十年版。

④ 王源：《左传评》，《四库全书存目丛书》，经部第139册，齐鲁书社1997年版，第331页。

⑤ 王源：《左传评》，《四库全书存目丛书》，经部第139册，齐鲁书社1997年版，第350页。

既定，意义层次既了然于心，便想如何起，如何接，如何转，如何结，中间一切法一一明白，便一笔写就，不可随写随改，即有不安，成后再细改之。”① 如是而言，除了“起”“结”之外，还有“接”“转”，即“起”之后，尚需各种连接、各种转捩。在“起”之前，前人还有所谓“张本”“前驱”“楔子”“前茅”等，从叙事学角度来看，这些则是叙事脉络中的伏笔，“首”“尾”之间还有各种照应等，将在后文进一步进行分析。

第二节　从叙事顺序看《左传》的篇法

刘知幾云：“史之美者，以叙事为先”，“国史之美者，以叙事为工”。② 可见，叙事是一件求美的活动。章学诚谓：“文辞以叙事为难”，“古文必推叙事，叙事实出史学”。③ 清李绂《秋山论文》曰：“文章惟叙事最难，非具史法者，不能穷其奥窔也。”④ 可见，叙事之作是史家之正品、文章之杰构，但并不好写，能在文章的叙事写作上开疆拓土自属不易。然《左传》却能于此策勋树绩、开宗

① 王水照编：《历代文话》（第六册），复旦大学出版社 2007 年版，第 5742 页。

② 刘知幾撰，浦起龙通释，吕思勉评：《史通》，上海古籍出版社 2008 年版，第 160 页。

③ 章学诚著，仓修良编注：《文史通义新编新注》，浙江古籍出版社 2005 年版，第 434 页。

④ 王水照编：《历代文话》（第四册），复旦大学出版社 2007 年版，第 4004 页。

立范，“盖左氏为书，叙事之最”①，“博采众家，叙事尤备，能令百世之下，颇见本末”②。那么《左传》是如何叙事的，它的叙事结构是怎样形成的呢？

晋陆机论文学创作的思维活动有云：“观古今于须臾，抚四海于一瞬”，南朝文论家刘勰亦曰：“思接千载，视通万里。”这说明了主体的创作思维是在时间与空间的维度中进行的，力图在一瞬间实现对时空的把握与超越。哲学家有言，“空间和时间是一切实在与之相关联的构架。我们只有在空间和时间的条件下才能设想任何真实的事物。时空观念就成为叙事学不可回避的范畴之一”③。时间和空间是运动着的物质的存在形式和基本属性。时间和空间也是作家建构文本、组织材料所要面临的第一道难题。故事从何时、何地讲起，又结束于何时、何地？经过怎样的时空流程？这往往体现出作家的匠心，客观上也与文章的结构息息相关。

叙事学向来重视对文本的叙述结构的分析。深受结构主义启发和影响的现代西方叙事学自不必多说，中国本土的叙事理论中也不乏对文章结构的独到理解。清冯李骅、陆浩在总结《左传》叙事手法的时候，曾一口气列举出二十八种之多：

> 其中有正叙、有原叙、有顺叙、有倒叙、有实叙、有虚叙、有明叙、有暗叙、有预叙、有补叙、有类叙、有串叙、有摊叙、有簇叙、有对叙、有错叙、有插叙、有带

① 刘知幾撰，浦起龙通释，吕思勉评：《史通》，上海古籍出版社2008年版，第160页。

② 陆淳：《春秋集传纂例》卷一，《景印文渊阁四库全书》，经部第146册，台湾商务印书馆1986年版，第381页。

③ 恩斯特·卡西尔著，甘阳译：《人论》，西苑出版社2003年版，第73页。

> 叙、有搭叙、有陪叙、有零叙、有复叙、有问议夹叙、有连经驾叙、有述言代叙、有趁文滚叙、有凌空提叙、有断案结叙。①

评点家苦心孤诣，确实值得肯定。其所分名目至为详瞻，并且希望从正反不同的角度全面总结出《左传》的叙事手法，如“顺叙”与“倒叙”、“实叙”与“虚叙”、“明叙”与“暗叙”、“预叙”与“补叙”等，但整体的理论层次感总嫌不够清晰。其所列举的二十八种手法都带有“叙”，但并不同属于一个理论层面的概念，多少显得有些丛脞驳杂。然细加辨析，从其松散的表达中也可以发现某些有序的思路，甚至也可以清理出一些具有理论意义的逻辑层次。那就是，这些眼花缭乱的名目有意或无意地涉及了叙事的时间和空间的安排与操作等问题。如“顺叙、倒叙、预叙、补叙、插叙”等指涉纵向的叙事时间；“类叙、串叙、摊叙、簇叙、对叙”等讲的是叙事元素之间的排列组接、交织配合，属于叙事空间的操作范围；至于“问议夹叙”“连经驾叙”“述言代叙”等又指向叙事视角，其他的或与叙事修辞相关，或在叙事语言之属等。总之，这多少反映出前代研究者已经注意到《左传》的叙事时间与空间的相关问题了。

章学诚在论述“叙事”时说道：“盖其为法，则有以顺叙者，以逆叙者，以类叙者，以次叙者，以牵连而叙者，断续叙者，错综叙者，假议论以叙者，夹议论以叙者，先叙后断，先断后叙，且叙且断，以叙作断，预提于前，补缀于后，两事合一，一事两分，对

① 冯李骅、陆浩：《左绣》，《四库全书存目丛书》，经部第141册，齐鲁书社1997年版，第139页。

叙插叙，明叙暗叙，颠倒叙，回环叙，离合变化，奇正相生，如孙、吴用兵，扁、仓用药，神妙不测，几于化工。其法莫备于《左氏》。”① 传统的叙事概念往往只举例证，甚或仅列名目，从不下定义，所以概念起得相对随意，相近概念之间的差异常常模糊不清，让人难以捉摸。在具体的分析中，当有一定的标准来统贯，下面笔者主要从叙事时间和叙事空间的角度来对《左传》加以分析。

一、从叙事时间看《左传》的篇法

法国叙事学家兹维坦·托多罗夫说：“从某种意义上说，叙事的时间是一种线性的时间，而故事发生的时间是立体的。”② 这就意味着，叙事时间必然要在线性的时间观念下对故事时间进行变形。《左传》在初始意义上力图保持时间的线性顺序，竭力按照事件的自然顺序进行组织安排。但事实上，建立这样一个精确的时间顺序只能适用于宏观格局，而随着叙事的具体深入，叙事的时间序列往往因为叙述的需要，在著者主观干预下而发生对事实序列的偏离，并且这种偏离随着材料编排的复杂程度而加剧。

为了完整而立体地展示历史的多彩面貌，著者不得不以种种时间运行方式，干扰、打断或倒装时间存在的持续性，使之出现矢向上的变异。“总之，故事越复杂，对自然时间次序的变动就越大。为交代头绪纷繁的故事线索，叙事时间的方向、跨度等秩序性因素就不得不相应地加以调整。时间倒错成为一种叙事策略，就不再是拾遗补缺的添缀。它所联缀的叙事景观，已经完成了文学意义上对

---

① 章学诚著，仓修良编注：《文史通义新编新注》，浙江古籍出版社 2005 年版，第 124 页。

② 张宾德编选：《叙述学研究》，中国社会科学出版社 1989 年版，第 294 页。

时间秩序的重建。”① 把立体的故事时间投射到线性的叙事时间，这在《左传》中表现为叙述时序上的倒叙、插叙、预叙、补叙以及混合性的叙述等。

（一）倒叙

所谓倒叙，即“对故事发展到现阶段之前的事件的一切事后追述”②。讲故事尤其从中间讲起的事情，难免要交代事情的原委，追溯来龙去脉，这就使得倒叙成为叙述之首选了。传统文论所说的原叙和追叙由于在顺叙中对以前的事件有所追述，故也属于倒叙之列。

《左传》的倒叙有许多种表现方式，最明白易见的莫如“初”字法。如隐公元年，《郑伯克段于鄢》篇：

> 初，郑武公娶于申，曰武姜，生庄公及共叔段。庄公寤生，惊姜氏，故名曰寤生，遂恶之。爱共叔段，欲立之。亟请于武公，公弗许。

这段文字在时间上倒转了三十六年（据《史记·十二诸侯年表》，郑庄公生于郑武公十四年即公元前757年，到鲁隐公元年即公元前722年，已经三十六岁），交代了郑伯克段之前郑伯母子交恶、兄弟构隙的起因。这段文字由于是对现阶段（隐公元年）之前发生的事件的追述，故而属于倒叙法。除掉“初”字，这段文字完全是以顺

---

① 韩猛：《〈左传〉叙事的时间观念浅析》，《济南大学学报》，2004年第3期。

② 热拉尔·热奈特：《叙事话语　新叙事话语》，中国社会科学出版社1990年版，第17页。

叙的方式进行的追述。所以，《左绣》等书又称之为原叙法，其主要是从原始要终的叙事功能而不是从叙事时序上着眼的。这篇文字先是倒叙加进行事件，最后又补叙郑伯“母子如初”，倒叙和补叙首尾呼应。

有以具体年份作为倒叙的标志，如桓公二年：

> 惠之二十四年，晋始乱，故封桓叔于曲沃。靖侯之孙栾宾傅之。师服曰：“吾闻国家之立也，本大而末小，是以能固。故天子建国，诸侯立家，卿置侧室，大夫有贰宗，士有隶子弟，庶人、工商，各有分亲，皆有等衰。是以民服事其上，而下无觊觎。今晋，甸侯也，而建国，本既弱矣，其能久乎?”惠之三十年，晋潘父弑昭侯而纳桓叔，不克。晋人立孝侯。惠之四十五年，曲沃庄伯伐翼，弑孝侯。翼人立其弟鄂侯。鄂侯生哀侯。哀侯侵陉庭之田。陉庭南鄙启曲沃伐翼。

从惠公二十四年（公元前745年）一路追述下来，《左绣》云：“某年某年逐节铺叙，又另一追叙法。后人纪事本末其法盖本诸此。”①又有以具体日期作为倒叙的标志，如成公十六年，晋楚鄢陵之役中：

> 癸巳，潘尫之党与养由基蹲甲而射之，彻七札焉。以示王，曰：“君有二臣如此，何忧于战?”王怒曰：“大辱

---

① 冯李骅、陆浩：《左绣》，《四库全书存目丛书》，经部第141册，齐鲁书社1997年版，第171页。

国！诘朝尔射，死艺。”

《左绣》于此评云：“癸巳（五月廿九日）乃甲子前一日也，又一倒叙法。”① 这一段叙述的是战斗（甲子日）前一天的事情，以叙事时间的排列顺序作标志，显示出倒叙的叙事顺序来。明确的日期不但使故事时间有了精确定位，同时对展示战斗过程的细节也有特别的意义。以特殊时间名词作为倒叙的标志，如隐公六年：

五月庚申，郑伯侵陈，大获。往岁，郑伯请成于陈，陈侯不许。五父谏曰：“亲仁善邻，国之宝也。君其许郑。”陈侯曰：“宋、卫实难，郑何能为?”遂不许。

“往岁”说明叙事时间已经倒转回溯至今年以前的若干年份，历史事件形成的原因因此一目了然，《左绣》断之为倒叙法。又有以特定介词为标志的倒叙，如襄公六年：

十一月，齐侯灭莱，莱恃谋也。于郑子国之来聘也，四月，晏弱城东阳，而遂围莱。甲寅，堙之环城，傅于堞。及杞桓公卒之月，乙未，王湫帅师及正舆子、棠人军齐师，齐师大败之。丁未，入莱。莱共公浮柔奔棠，正舆子、王湫奔莒，莒人杀之。四月，陈无宇献莱宗器于襄宫。晏弱围棠，十一月丙辰而灭之。迁莱于郳。高厚、崔杼定其田。

---

① 冯李骅、陆浩：《左绣》，《四库全书存目丛书》，经部第 141 册，齐鲁书社 1997 年版，第 630 页。

叙事时间已是襄公六年，而“郑子国之来聘”是襄公五年的事情。将去年的事情放在今年来谈，使得以前的时间放在了后面，这叫追叙，也即倒叙，是以“于”字引起的倒叙。如果这种方式可以看成是进行事件加倒叙的话，那么与之相反的则是倒叙加进行事件，即故事时间承接着倒叙时间顺流而下，因为它没有“初”字等作为标志，往往不易察觉。如宣公元年：

> 宋人之弑昭公也，晋荀林父以诸侯之师伐宋，宋及晋平，宋文公受盟于晋。又会诸侯于扈，将为鲁讨齐，皆取赂而还。郑穆公曰：“晋不足与也。”遂受盟于楚。陈共公之卒，楚人不礼焉。陈灵公受盟于晋。秋，楚子侵陈，遂侵宋。晋赵盾帅师救陈、宋。会于棐林，以伐郑也。楚蒍贾救郑，遇于北林，囚晋解扬。晋人乃还。

“秋，楚子侵陈”是宣公元年的事情，而“宋人之弑昭公也……陈灵公受盟于晋”则是此年之前的事情，时间上要早于楚子侵陈，这一部分无疑是倒叙。《左绣》评云：“此文后半是正叙，前半是原叙。”① “前半是原叙”指出了其追述本原的叙事特点，相对于“秋，楚子侵陈，遂侵宋”这个叙事起点而言即是倒叙，其故事时间显然要早于“秋”。

总而言之，倒叙在《左传》中运用得相当普遍，其具体情形则不同，或以“初”字领起（按：以“初”领起的大多数是插叙），或以具体的年份、日期为标志，或以“往岁”“于”等特殊词汇作

---

① 冯李骅、陆浩：《左绣》，《四库全书存目丛书》，经部第141册，齐鲁书社1997年版，第297页。

为提示，或者顺承而下不着痕迹等。倒叙之法，除了突破编年体的局限，使历史叙述得相对完整，具有不可或缺的实用价值之外，更重要的是在文章审美价值方面，倒叙法也有着不可替代的作用。杨义说：“倒叙之为倒叙，不仅仅是一个简单的时间顺序错综的问题，而是通过时间顺序的错综，表达某种内在的曲折感情，表达某种对世界的感觉形式。”①《左传》妙用倒叙之法的典范之作，如文公二年，《秦晋彭衙之战》篇：

> 二年，春，秦孟明视帅师伐晋，以报殽之役。二月，晋侯御之，先且居将中军，赵衰佐之。王官无地御戎，狐鞫居为右。甲子，及秦师战于彭衙，秦师败绩。晋人谓秦“拜赐之师”。战于殽也，晋梁弘御戎，莱驹为右。战之明日，晋襄公缚秦囚，使莱驹以戈斩之。囚呼，莱驹失戈，狼瞫取戈以斩囚，禽之以从公乘。遂以为右。箕之役，先轸黜之，而立续简伯。狼瞫怒。其友曰：“盍死之?”瞫曰：“吾未获死所。”其友曰：“吾与女为难。”瞫曰：“《周志》有之：‘勇则害上，不登于明堂。’死而不义，非勇也。共享之谓勇。吾以勇求右，无勇而黜，亦其所也。谓上不我知，黜而宜，乃知我矣。子姑待之。”及彭衙，既陈，以其属驰秦师，死焉。晋师从之，大败秦师。
>
> 君子谓：“狼瞫于是乎君子。《诗》曰：‘君子如怒，乱庶遄沮。’又曰：‘王赫斯怒，爰整其旅。’怒不作乱，而以从师，可谓君子矣。”

---

① 杨义：《中国叙事学》，人民出版社 1997 年版，第 150 页。

此篇大意在突出狼瞫的忠勇精神。彭衙之役，晋军的车右是狐鞫居（续简伯），“秦师败绩”意味着晋军获胜。从历史叙录来说，到此也就可以收笔了（此时狼瞫还未出场），但左氏没有就此结束，而是接着倒叙殽之战，狼瞫凭着自己在此役的英勇表现取代了当时的车右莱驹，但好景不长，此后的箕之役，续简伯又取代了他。但是他并不嫉妒、气馁，而是立志要用更加英勇的表现来征服主帅、报效祖国。于是，他就在彭衙之役中作为敢死队员英勇献身，晋军也收获了一场大胜。王源评此篇云：

> 叙事之法，往往先总叙大纲，即追叙前事一两段，然后复接正传详叙之。而总叙中却埋伏追叙之线，详叙中又顶针追叙之脉，使其前后似断实连，似连实断。然后方有峰峦，有章法。此文本传狼瞫，而开首总叙彭衙之战，第暗暗埋伏一续简伯。所谓狼瞫者，无影无形。继而追叙崤之战一段，从莱驹引出狼瞫。所谓狼瞫者，不伦不类。继又追叙箕之战一段，复从狼瞫打转简伯。所谓狼瞫者，半隐半现。继而方将狼瞫死敌心事提明，然后再入彭衙而详叙之。见晋之所以成功者，实由狼瞫，而所谓狼瞫者，方有原委。结尾又从“怒”字生情，咏叹作收，单结狼瞫，并不旁及，而所谓狼瞫者，始全身毕露矣。章法之妙，费几许经营，而妙处只在两段追叙。故追叙一法，乃文家要诀也。①

① 王源：《左传评》，《四库全书存目丛书》，经部第139册，齐鲁书社1997年版，第225页。

可见，倒叙（即王源所谓的追叙）不但能使历史叙述“有原委”、使人物形象“全身毕露”，而且能使文章“有峰峦”“有章法”，诚为“文家要诀”。此篇的叙事时序为“现在—过去—过去—现在”，两用倒叙，文章波澜起伏，情节跌宕，用追叙法连接上文牵搭下文，使首尾形成呼应和某种潜在的张力，文章呈现出“似断实连，似连实断”的美学效果。倒叙之法，人所共知。仅仅将其视为一种事后追述的方式，无疑是小看了倒叙的作用。“追叙之法谁不知之，但今之所谓追叙者，不过以其事之不可类叙者置之于后作补笔耳。如此是一死套而已，岂活法乎？追叙之法乃凌空跳脱法也。”① 所谓“凌空跳脱”虽是感悟性极强的话头，但是足以说明倒叙法具有灵便自如地表达内在曲折情感的应用价值。于此，《左传》已为我们作出了良好的示范。

（二）插叙

从叙事时间上来看，“所谓插叙就是把叙事时间倒转，追溯往事，但由于篇幅过短而不足以称为倒叙。”② 从叙事的本质特点来看，插叙是指将正在叙述的事件停顿下来，而进行另外的一件事的叙述。也就是说在叙述主要事件的过程中，根据表达的需要，暂时中断主线而插入另一些与之相关的内容的叙述。评点家常称之为“横云断山法”。《左传》使用插叙的地方非常多见，往往也多用“初”字表示，如庄公十四年，郑厉公入郑，中间突然插入蛇斗一段：

---

① 王源：《左传评》，《四库全书存目丛书》，经部第 139 册，齐鲁书社 1997 年版，第 225 页。

② 杨义：《中国叙事学》，人民出版社 1997 年版，第 150 页。

> 郑厉公自栎侵郑，及大陵，获傅瑕。傅瑕曰：“苟舍我，吾请纳君。”与之盟而赦之。六月甲子，傅瑕杀郑子及其二子，而纳厉公。初，内蛇与外蛇斗于郑南门中，内蛇死。六年而厉公入。公闻之，问于申繻曰：“犹有妖乎？”对曰：“人之所忌，其气焰以取之。妖由人兴也。人无衅焉，妖不自作。人弃常，则妖兴，故有妖。”厉王入，遂杀傅瑕……

有此一段插叙，文章峰峦突起，惊人耳目。虽是简短的插叙，却给了叙事过程一个特殊的信息，在文章气势方面形成了一种微妙的干扰。郑厉公是春秋早期霸主郑庄公的次子，庄公临终之前想让他继承王位，大臣蔡仲极力反对废长立幼，于是就立了郑昭公，但昭公的权位并不稳固。厉公的舅舅是宋国的权贵，宋庄公知道此事后，逼迫蔡仲立郑厉公为君。郑厉公即位之后，权利依然掌握在蔡仲的手中，厉公想借机除掉蔡仲，事情败露之后，厉公被迫流亡，他在外面前后辗转了十七年（前 697 年—前 680 年）之久。此时，蔡仲已经死去，郑厉公早已按捺不住复辟的夙愿。于他返国的六年前，竟然在郑国国都的南门发生一起蛇斗的怪事：门里的一条蛇和门外的一条蛇争斗，门里的蛇被咬死了。这暗示流亡在外的郑厉公将会取得胜利，预示着他第二次即位必然成功。杨义说：“插叙运用得妙，有时就如下围棋之设眼，占子不多，却令全盘皆活。叙事时间顺序的变异，往往隐含着叙事者对文章生命的某种认识。”①《左绣》谓：“左氏好奇，便叙入蛇妖一案，令文字另换一番色泽，然安在篇首即不见其妙，妙在正叙事间忽然夹入，篇法遂有横云断

① 杨义：《中国叙事学》，人民出版社 1997 年版，第 151 页。

岭之奇。”① 试想，若无此段插叙，故事虽也完整，但文势却显平淡无奇，有了此段插叙就可以被《左传评》《左传撷华》等选本当作古文典范教子弟以文章作法了。

美国叙事学家华莱士·马丁说：“插曲可以是也可以不是主要故事线索的组成部分（同叙述或异叙述的 homo－或 hetero－diegetic），也可以给主线填进某些先前漏掉的东西（补充性倒叙）。”② 就故事时间和叙事时间的关系而言，倒叙和插叙没有区别。它与倒叙甚至补叙的区别在于：它是在中断原来叙述的基础上另起炉灶的。

僖公二十四年，吕、郤畏逼，寺人披请见，晋文公派人责让他：“蒲城之役，君命一宿，女即至。其后余从狄君以田渭滨，女为惠公来求杀余，命女三宿，女中宿至。虽有君命，何其速也?”十九年前（僖公五年）的蒲城之役，左氏对此事并未提及，借仆人的口吻插叙在此，显示出《左传》在文章（叙事）布局上的巧妙规划。这段话固然可以置入蒲城之役，但是远不如安放在这里更恰如其分。原因主要在于若置入蒲城之役，则此段话成为毫无指涉意义的废话，反而使文章枝蔓琐碎。插叙在这里，不但“给主线填进某些先前漏掉的东西”，也使事件的意义更加显豁。将寺人披数十年前后的行事拉拢来进行直接的对照，更能鲜明地突出他唯利是图的嘴脸。借仆人之口顺带说出，又显示出左氏对历史材料驾轻就熟的处理能力以及文章布置巧妙而严密的匠心。

昭公二十八年，晋灭祁氏、羊舌氏，并瓜分其田地。在灭羊舌氏之后，插入叔向娶申公巫臣之女和伯石出生等事，之前主线漏掉的内容得到了合情合理的补充，可看作补充性的倒叙，它与主要故

① 冯李骅、陆浩：《左绣》，《四库全书存目丛书》，经部第 141 册，齐鲁书社 1997 年版，第 192 页。

② 华莱士·马丁：《当代叙事学》，北京大学出版社 1990 年版，第 149 页。

事线索之间的关系是若即若离的。没有这个插曲，并不影响故事的进展，但是没有这个插曲，文章势必显得平铺直叙，更重要的是缺乏与祁氏相照应的寓意性情节，以致内在张力严重丧失，文章的意蕴空间会大打折扣，以致毫无生命活力可言。

（三）预叙

预叙和倒叙在时间顺序变异操作中，是处于两极的概念。所谓预叙，是对以后会发生的事件的暗示或事件发生过程的预示。“事先讲述或提及以后事件的一切叙述活动。”[①] 传统文论有时也叫暗叙。清代李绂《秋山论文》云：“暗叙者，事未至而逆揭于前……蹇叔哭送师曰：‘晋人御师必于肴’云云，暗叙之法也。”[②]《左传》频用预叙，杜预所谓的“为某某张本”“为某某起本”“为某某传”等其实讲的都是预叙。根据预言内容的不同，主要可以分为人事、梦占、灾异、卜筮四种形式。

人事预言主要是根据人物的处世态度、言行细节、性格特征，结合礼的价值规范来判断人物的命运和事件发展的结局。文公九年，冬，楚子越椒到鲁国聘问，手持着礼物显得比较傲慢。叔仲惠伯预言他必将使若敖氏的宗族灭亡，因为他过于傲慢，神灵不会降福于他。杜注：“为宣公四年楚灭若敖氏张本。”[③] 宣公四年，楚杀子越椒、灭若敖氏。襄公二十九年，吴国的公子札到鲁国来聘问，见到叔孙穆子，两人相处得很愉快。因叔孙喜欢善良却不能择善而

① 热拉尔·热奈特：《叙事话语　新叙事话语》，中国社会科学出版社1990年版，第17页。

② 王水照编：《历代文话》（第四册），复旦大学出版社2007年版，第4004页。

③ 杨伯峻：《春秋左传注》，中华书局1981年版，第574页。

使，于是公子札就直言不讳地对他说："您恐怕不得善终吧！"杜注："为昭四年竖牛作乱起本。"① 昭公四年，竖牛作乱，将叔孙穆子的儿子害的害死，赶的赶走。叔孙病危，又饥又渴，竖牛却不让他吃喝，最终惨死。

襄公二十九年，齐国的高子容（高止）和宋国的华定拜见晋国的知伯，女齐作为司仪。等到宾客出去了以后，女齐就对知伯说："这两位都将不免于祸。子容专权，华定奢侈，都是使家族灭亡的大夫。"杜注："为此秋高止出奔燕、昭二十年华定出奔陈传。"② 是年秋，子容被公孙虿等放逐，逃到燕地；昭公二十年，华定和向宁逃到陈国。此类例子在《左传》中是不胜枚举的。

从上述可见，这些预言大都是建立在一定的经验原则和具体事实的基础之上的理性判断，具有强烈的实用理性色彩。与此不同的是出生，梦境、灾异、卜筮等预言形式则较多地体现出宿命论甚至迷信色彩。

《左传》的梦占有三十来处，各有不同，但梦境的准确性都极为可靠。成公十年，晋侯梦见一个大鬼，桑田的巫人说晋侯吃不到新收的麦子了。晋侯请秦国名医来治疗，医生还没到，晋侯又出现梦境，医生到来诊断之后所说的和梦境里的是一样的，梦境得到应验。甸人献上收割的麦子，晋侯让人烹煮，他眼看马上就可以吃到嘴了，认为巫人说了晦气话而且不准确，于是就杀了桑田的巫人。这时，晋侯的肚子突然发胀，去上厕所，结果跌进厕所里死了——最终还是应验了巫人的预言。

《左传》中有大量的灾异、卜筮等预言。昭公九年，郑裨灶根

---

① 杨伯峻：《春秋左传注》，中华书局 1981 年版，第 1161 页。

② 杨伯峻：《春秋左传注》，中华书局 1981 年版，第 1159 页。

据火灾预言陈国前途；昭公十年，他又根据天象预言晋平公将死；后都不出其所料。

庄公二十二年，懿氏因嫁女儿而给田敬仲占卜，说非常吉利，田氏的后代将会兴旺发达，第五代的官位就会和正卿同行，第八代以后，就没有人可以和他匹敌。田敬仲的父亲陈厉公在儿子年少的时候，也曾让太史占筮，说这个人将要在别国兴旺发达，而陈国衰亡，这个氏族就要昌盛。于是，以此占卜为预言，左氏在后面的篇章中陆续对陈氏家族进行了两百余年的叙写，逐步将预言一一应验。人物众多，历时弥久，但繁而不乱，颇有一线串珠之妙。杨义论道："这段借卜筮方式所做的预言叙事，是陈厉公之子敬仲在本国动乱中出奔齐国，齐国懿氏想选择他当女婿，而进行占卜，又补叙敬仲少年时，周史为他卜筮所得的卦爻辞。它们预言陈敬仲的后代在姜姓的齐国，五世之后就发达起来，这也就是他的五世孙'陈桓子始大于齐'，时间相当于公元前 534 年。陈敬仲的七世孙陈成子杀齐简公而执掌政权，《左传》'哀公十四年'（前 481 年）对此有相当详细的描述，《左传》记录的最后一年，即'哀公二十七年'（前 468 年），又写到陈成子的势力连晋国的正卿都为之侧目。这段预言叙事提前 100 多年甚至 200 年预示了陈敬仲的后代在齐国的命运。第七世已经弑君执政，自然也可以想象'八世之后'，没有人有他那么强大了。它虽然没有直接预言到陈敬仲的十世后代取代了姜姓的齐侯，但它预言了八世，已经略为超出了《左传》叙事年代的下线，属于'外预叙'了。"① 闵公元年，记载的晋国"毕万之后必大"的预言和卜筮，也是如此。

《左传》的预叙大抵是交代背景、缘起，甚至也可以看作是对

① 杨义：《中国叙事学》，人民出版社 1997 年版，第 153 页。

人物或事件的侧面描写。它弥补了编年体叙事的不足，并揭示出事件的必然趋势以及事件与事件间的潜在联系，主观上也传达出叙述者的历史见解和价值取向。从文章的结构来说，它是引发后续事件的伏笔，而且绝大多数都得到了应验，形成“预言—应验”的结构模式。从这个角度来看，预叙在故事的结构功能上具有蓄势待发的作用。

吴闿生《与李右周进士论左传书》论《左传》文法之奇约举四端，首曰“逆摄”，所谓“逆摄”其实指的就是预叙：“吉凶未至，辄先见败征。此犹其易识者已。至城濮之战犹未战也，而艻贾质责子文以痛子玉之败；三郤之难犹未兆也，而范文子怒逐其子以忧晋国之亡。此皆凭空特起，无所附着，荡骇心目，莫此为尤。故重耳之奔走流离，一亡公子耳，而所如皆有得国之气；楚灵、夫差方其极盛，踔厉中原，而势已不能终日。若此者，皆其逆摄之胜也。”① 在某种程度上，预叙（逆摄）是《左传》植入读者心中的“前结构”。它揭破了人物命运和故事的结局，使读者的悬念和最后的惊奇化为乌有，但又形成了另一种性质的心理紧张，使读者禁不住要追问何以会有这样一种结果？结果已经揭晓，那么读者重点所要关注的自然就是形成结果的过程。这等于把读者的注意力集中到了弄清历史发展的因果关系中了。

从解经的角度来看，历史的结果大都早已被《春秋》记录下来了，《左传》要展示的主要也是历史发展的过程而不是结果。预叙的普遍使用在某种程度上与此目的高度契合。然而，《左传》在故事的进程中却也没有忘记干扰、打断、弱化预叙事先公布的结果，常常插入一些意外的元素，动摇读者的惯性心理，使得情节发展一

① 吴闿生撰，白兆麟校点：《左传微》，黄山书社1995年版，第11－12页。

波三折，与西方叙事作品将悬念保持到最后有着不一样的审美张力。

编年体史书在体制上的最大特点是以时间的先后顺序来编排史料，按时序先后编排是天然的方便，同时也是莫大的局限。而种种预言往往具有"观古今于须臾"的魄力，尤其是占筮、梦境等作为伏笔和预言，在某种意义上可以超越时空的限制，起到"究天人之际，通古今之变"的效果。不但在叙事结构上具有生发下文、引入正题的功能，而且常常"寄寓着包举大端的宇宙哲学和历史哲学"①，"在宏观操作中充满对历史、人生的透视感和预言感"②。中国后世的叙事文学往往要设计一些贯通天人、古今的神话、寓言等作为"引首""楔子""得胜头回"，《左传》实已肇其端。

（四）补叙

我们在《郑伯克段于鄢》中讨论倒叙的时候已顺便谈到补叙。清代李绂《秋山论文》云："叙中所阙，重缀于后，为补叙。"③ 这里所说的补叙强调的是事后的补充。叙述一件事情，由于头绪太多，前面所缺漏的部分，势必要在后面进行补充。其实，补叙也可以在事前进行。唐彪《读书作文谱·文章诸法》云："古文之补法，如《左传》《史记》诸传中，凡叙一人，必详悉备至。苟与其人有相关之事，虽事在国家，或事属他人，必补出之，以著其是非。又前数年之事，与后数年之事，苟与其事有相关，必补出之，以著其本末。又凡文中有两意两事，不能于一处并写者，则留一意一事于

---

① 杨义：《中国叙事学》，人民出版社 1997 年版，第 131 页。

② 杨义：《中国叙事学》，人民出版社 1997 年版，第 152 页。

③ 王水照编：《历代文话》（第四册），复旦大学出版社 2007 年版，第 4004 页。

闲处补之，皆补法也。”① 所谓补法从叙事的角度来看即是补叙，其指出“前数年之事，与后数年之事，苟与其事有相关，必补出之”，说明不但可以事后补叙，也可以事前补叙，为了不混淆概念，事后的补叙已统一归在插叙（补充性倒叙）之中。

补叙的使用往往也能体现出行文有规划、布置。宣公十二年，邲之战结束之后，晋军败归，主帅荀林父请求处自己以死罪，晋侯打算答应他。士贞子谏曰：“不可。城濮之役，晋师三日谷，文公犹有忧色。左右曰：‘有喜而忧，如有忧而喜乎？’公曰：‘得臣犹在，忧未歇也。困兽犹斗，况国相乎？’及楚杀子玉，公喜而后可知也。”这段叙述本来应该放在三十五年之前（僖公廿八年）的城濮之役的后面，当年晋文公听说子玉自杀之后，左氏只以“晋侯闻之而后喜可知也”一句话概述其状，说明他是有意省略掉了其他内容，但现在却又详细地补叙在此：一来作为免除荀林父死罪的理由；二来也免去了行文的累赘，使文章显得简洁；三是这样写活化了叙事也活化了历史。将叙述置于一种动态的时间流中，抚今追昔，加强了文章前后的有机联系；互见错出，使编年体看似零碎、遥隔多年的叙事获得了前呼后应的生命活力。

“补叙是为了补足情节和意境的完整性，而使时间超出现有叙事中心，伸展到以后的叙事中心的时间范围，但由于篇幅过短而不足以称为预叙。”② 清于慬《香草谈文》曾注意到《左传》中的补叙：

> 《左》“昭十二年传”云：“晋侯以齐侯宴，中行穆子相。投壶，晋侯先，穆子曰：‘寡君中此，为诸侯师。’中

① 王水照编：《历代文话》（第四册），复旦大学出版社 2007 年版，第 3491 页。

② 杨义：《中国叙事学》，人民出版社 1997 年版，第 150 页。

> 之。齐侯曰：‘寡人中此，与君代兴。’亦中之。”下文云：“公孙叟趋进，曰：‘日旰君勤，可以出矣！’”“以齐侯出”必在此时，盖正恐再投或不中，而辞亦或为晋人所挫，故急“以齐侯出”者，所谓卸帆顺风时也。其伯瑕与穆子语，必在宴毕之后。故曰：“子失辞。”又曰“齐君弱吾君，归弗来矣”，皆是私语，岂当发于齐侯面前？而《传》却插入此一段于公孙叟趋进之前，此文之变法也。然读者会其意，固自能领之。①

为了方便理解，现在将于鬯所论及《左传》中的这段短文完整地抄录于下：

> 晋侯以齐侯宴，中行穆子相。投壶，晋侯先，穆子曰：“有酒如淮，有肉如坻。寡君中此，为诸侯师。”中之。齐侯举矢，曰：“有酒如渑，有肉如陵。寡人中此，与君代兴。”亦中之。伯瑕谓穆子曰：“子失辞。吾固师诸侯矣，壶何为焉，以其中俊也？齐君弱吾君，归弗来矣。”穆子曰：“吾军帅强御，卒乘竞劝，今犹古也，齐将何事？”公孙叟趋进，曰：“日旰君勤，可以出矣！”以齐侯出。

晋侯和齐侯饮宴，做了一个投壶的游戏，双方尤其是晋方非常较真，齐国的公孙叟见势不妙，说：“天色已晚，国君疲劳，现在可以告辞了。”说完就拥着齐侯一起离开了。这篇短文之所以值得

① 王水照编：《历代文话》（第六册），复旦大学出版社2007年版，第6076页。

拿出来讨论，是因为其中补叙了晋国大夫伯瑕和穆子的对话。为什么说是补叙呢？因为“其伯瑕与穆子语，必在宴毕之后”。将宴会之后的对话提前到宴会之中，是补充性的预叙，因为它还无法改变整篇文章的叙事形态，所以只能算是补叙。有了这个补叙，不但使情节更加完整，加强了文章的整体感，同时也使情境显得更加真切，让人如临其境，如闻其声，文章的感染力倍增。

成公十六年四月，尚属于晋楚鄢陵之战的酝酿阶段，晋国将帅内部经过一番争论终于还是出兵了：“栾书将中军，士燮佐之。郤锜将上军，荀偃佐之。韩厥将下军，郤至佐新军，荀罃居守。郤犨如卫，遂如齐，皆乞师焉。乐黡来乞师，孟献子曰：‘有胜矣。’”根据《春秋》的记载，郤犨、乐黡乞师当在六月，现在提前到四月与诸路将帅一并进行叙述，是为了将晋国的军事行动完整地展示出来，具有补足情节的意义。由于篇幅过短还不足以称为预叙，对整个叙事片段的时间顺序形态也毫无影响，理属补叙。鲁国孟献子的预言也是如此。

所谓混合性的叙述是指叙事时间的过去、现在或未来处在不停变换的过程之中。一篇文章的结撰往往是多种叙事时序配合运用的结果，张秉直《文谈》云：“史之叙事也，以先后次，其常也。或以详略排比，颠倒前后，或欲篇法匀称，挪移后先，皆作者加意经营处。如布地景，一花一石，不同偶然安放也。”① 如宣公四年，《斗越椒之乱》：

初，楚司马子良生子越椒。子文曰：“必杀之！是子

① 张秉直：《文谈》，王水照编：《历代文话》（第五册），复旦大学出版社2007年版，第5087页。

也，熊虎之状而豺狼之声；弗杀，必灭若敖氏矣。谚曰：'狼子野心。'是乃狼也，其可畜乎？"子良不可。子文以为大戚。及将死，聚其族，曰："椒也知政，乃速行矣，无及于难。"且泣曰："鬼犹求食，若敖氏之鬼不其馁而！"及令尹子文卒，斗般为令尹，子越为司马。蒍贾为工正，谮子扬而杀之，子越为令尹，己为司马。子越又恶之，乃以若敖氏之族，圄伯嬴于轑阳而杀之，遂处烝野，将攻王。王以三王之子为质焉，弗受。师于漳澨。秋七月戊戌，楚子与若敖氏战于皋浒。伯棼射王，汰辀及鼓跗，着于丁宁。又射，汰辀，以贯笠毂。师惧，退。王使巡师曰："吾先君文王克息，获三矢焉，伯棼窃其二，尽于是矣。"鼓而进之，遂灭若敖氏。

初，若敖氏娶于䢵，生斗伯比。若敖卒，从其母畜于䢵，淫于䢵子之女，生子文焉。䢵夫人使弃诸梦中。虎乳之。䢵子田，见之，惧而归。夫人以告，遂使收之。楚人谓乳谷，谓虎于菟，故命之曰斗谷于菟。以其女妻伯比。实为令尹子文。

其孙箴尹克黄使于齐，还及宋，闻乱。其人曰："不可以入矣。"箴尹曰："弃君之命，独谁受之？君，天也，天可逃乎？"遂归，复命，而自拘于司败。王思子文之治楚国也，曰："子文无后，何以劝善？"使复其所，改命曰生。

此文是若敖氏家族的兴衰史，其中又夹入了越椒和子文的小传。其结撰的难处在于：如何将越椒的出生、子文的预言与越椒的作乱、若敖氏被灭联系起来？子文去世不久，若敖氏果然被灭，其后，又如何再叙入子文的身世？越椒作乱之时，他的堂兄克黄正出使齐国，又如何将克黄与此事联系起来？林纾谓："此篇叙斗氏家事及其反形，似一贯而下，头绪并不繁多，不知乃至难写。文先说越椒之生甚异，既长乃成反贼，且生时为子文所恶，又预料其反形，后乃一一符验，此直捷易写也。而下半节竟将已死之子文，作成列传，从死后倒绕，说其生时。试问此两节文章，如何着笔？"① 左氏首先用倒叙法叙述越椒的出生和子文的预言并为下文伏脉，所谓"总叙中却埋伏追叙之线"。子文去世之后，越椒构祸导致若敖氏被灭，子文的预言得到了印证，叙事时间从过去来到了现在。接着又因若敖氏追叙子文的身世，并与越椒出生的情状形成略应，所谓"详叙中又顶针追叙之脉"，叙事时间又从现在跳回到更加遥远的过去。接着因子文又顺理成章地牵带出其孙克黄，"所谓追叙前事拖叙后事法也"②，叙事时间又重新折回到现在。克黄使齐和越椒作乱本是同时进行的，左氏利用插叙（即引文所谓拖叙）将同一时间不同空间的事情巧妙地呈现了出来，并与若敖氏被灭形成对接。最后又补叙楚王赦免克黄让他继续做箴尹的事，叙事时间指向未来，是为余波。所以，这篇文章的叙事时间流程是"过去—现在—（更加遥远的）过去—现在—未来"。又如成公十一年，《郤犨来聘》篇的叙事时间为"现在—过去—将来"，即是顺叙、倒叙和补充性预叙相结合。明乎此，文章的布局（结构）和匠心庶几有径可寻。

王源云："叙事之法切不可前者前、中者中、后者后。若前者前之、中者中之、后者后之，印板耳。如生理何唯？中者前之，后者前之，前者中之、后之，使人观其首，乃身乃尾；观其身与尾，

---

① 林纾：《左传撷华·斗越椒之乱》篇后评，商务印书馆民国十年版。

② 王源：《左传评》，《四库全书存目丛书》，经部第139册，齐鲁书社1997年版，第237－238页。

乃首乃身。如灵蛇腾雾，首尾都无定处，然后方能活泼泼也。”① 要使文章活色生香、变幻莫测，就要在叙事时间和故事时间之间制造出有意味的反差。《左传》的高妙之处在于它按照对历史的独特理解、在编年框架的普遍约束之下又重新安排了现实世界的时间顺序，从而使叙事时间的过去、现在、未来错综复杂地交织在一起，文章的结构也因时间的倒错而变化多端，文章也随着叙事的推进而显现出峰峦跌宕、波澜起伏的美学特征。

二、从叙事空间看《左传》的篇法

“时间和空间是一切物质形态的基本存在方式，尽管二者是两个不同的概念，但彼此总是互为依存，无法在实际上被分开。”② 我们将叙事时间和空间分开来讲并不是要非黑即白、完全忽视或无视另一维的存在，而是从作家运思布局的实际情况来考虑：作家在结撰不同篇章时遇到的情况是不一样的，有时候侧重从纵向的时间方面布局，有时也可以从横向的空间取得突破，《左传》即是如此。在一定意义上，左氏之所以要“叙事”，是因为想把某些发生在特定空间中的历史事件在“记忆”中保存下来，以抗拒遗忘并赋予其意义。我们现在要探讨的问题是：它究竟是以哪些方式将不同空间的历史事件组织起来的？

（一）连叙

《左传》以线性的编年时间来记叙各方诸侯、不同空间的历史，不得不在讲述完一方事情之后，切断或转换当下的叙事话题，接叙

① 王源：《左传评》，《四库全书存目丛书》，经部第 139 册，齐鲁书社 1997 年版，第 230 页。

② 徐岱：《小说叙事学》，中国社会科学出版社 1992 年版，第 157 页。

另一个空间的与之毫无关联或关联性不强的故事。显然，这多少显示出早期叙事尤其是编年叙事在整体上缺乏内在关联性的弱点。各个局部的叙事“各自为章”，使整个文本形成一个由数个相对独立的内容段落组成的叙事结构。美国汉学家蒲安迪讥之为“缀段”式结构，当然，这种“缀段”式结构也并不是原始材料毫无原则的堆垛，它或者自成一事，或者“隔传相接”，甚至是以类相从，比事而书。如隐公元年：

> 八月，纪人伐夷。夷不告，故不书。
>
> 有蜚。不为灾，亦不书。
>
> 惠公之季年，败宋师于黄。公立而求成焉。九月，及宋人盟于宿，始通也。
>
> 冬，十月庚申，改葬惠公。公弗临，故不书。惠公之薨也，有宋师，太子少，葬故有阙，是以改葬。
>
> 卫侯来会葬，不见公，亦不书。
>
> 郑共叔之乱，公孙滑出奔卫。卫人为之伐郑，取廪延。郑人以王师、虢师伐卫南鄙。请师于邾，邾子使私于公子豫。豫请往，公弗许，遂行，及邾人、郑人盟于翼。不书，非公命也。
>
> 新作南门，不书，亦非公命也。
>
> 十二月，祭伯来，非王命也。
>
> 众父卒，公不与小敛，故不书日。

这是隐公元年八月至十二月，《左传》依次记录的九件国际性事件，涉及鲁、宋、卫、邾、纪、夷等众多诸侯国和当时名义上的统一王朝实质上也是一方小诸侯——周。乍一看，这九件事似乎风马牛不相及，毫无必然的逻辑联系。但仔细分析，却也不难发现其中存在着某种相近性。如第一则“伐夷”与第二则“有蜚”因“不书”而前后相衔；第三则和第四、五则因“惠公”而次第相依；第四则又与第五、六则因“不书”而迤逦成文；第六、七、八则因“非公命”“非王命”而连属成篇；最后一则又与第一、二则及中间几则因“不书”而相为呼应，似断实连。这种篇章结构前人叫“连叙”（即将不甚相关的事连缀成篇）。《左绣》云：“左氏格调变换不穷。长者于万言，短者一二字，却都笔笔有法。其中有独自成篇者，有类聚成篇者，有绝不相蒙而连缀成篇者。”① 这九则故事大都不甚“相蒙”，但左氏在行文布置上却能“比事属辞”，使其环环相扣、连叙成篇，甚至让人觉得其篇法摇曳多姿、变化不穷。冯李骅等就曾赞叹云：“极参差又极整齐，极变化又极均匀。直以夜来之金针制天孙之锦。前人有谓‘鸳鸯绣出从君看，不把真针渡与人’，《左氏》则竟将真针普渡天下后世，但粗心人觌面失之耳。”② 又如文公十二年：

十二年，春，郕伯卒，郕人立君。太子以夫钟与郕邽来奔。公以诸侯逆之，非礼也，故书曰“郕伯来奔”。不书地，尊诸侯也。

杞桓公来朝，始朝公也。且请绝叔姬而无绝婚，公许之。二月，叔姬卒。不言“杞”，绝也。书“叔姬”，言非女也。

---

① 冯李骅、陆浩：《左绣》，《四库全书存目丛书》，经部第 141 册，齐鲁书社 1997 年版，第 139 页。

② 冯李骅、陆浩：《左绣》，《四库全书存目丛书》，经部第 141 册，齐鲁书社 1997 年版，第 142 页。

楚令尹大孙伯卒，成嘉为令尹。群舒叛楚。夏，子孔执舒子平及宗子，遂围巢。

秋，滕昭公来朝，亦始朝公也。

前两事因“书”（“不书”）先后相连，第二、三事则因某“卒”以类相聚，第二、三、四事又因“朝公”相应相依。又如庄公二十三、二十四年：

秋，丹桓宫之楹（按，此条属二十三年）。

二十四年，春，刻其桷，皆非礼也。御孙谏曰：“臣闻之：‘俭，德之共也；侈，恶之大也。’先君有共德，而君纳诸大恶，无乃不可乎？”

秋，哀姜至，公使宗妇觌，用币，非礼也。御孙曰：“男贽，大者玉帛，小者禽鸟，以章物也。女贽，不过榛、栗、枣、脩，以告虔也。今男女同贽，是无别也。男女之别，国之大节也；而由夫人乱之，无乃不可乎？”

其中，第一、二事均为宫廷修饰之事，事因类聚，而第二、三事又因不符合礼的规范依次成文。还如襄公六年：

秋，滕成公来朝，始朝公也。

莒人灭鄫，鄫恃赂也。

冬，穆叔如邾，聘，且修平。

晋人以鄫故来讨，曰：“何故亡鄫？”季武子如晋见，且听命。

十一月，齐侯灭莱，莱恃谋也。于郑子国之来聘也，四月，晏弱城东阳，而遂围莱。甲寅，堙之环城，傅于堞。及杞桓公卒之月，乙未，王湫帅师及正舆子、棠人军齐师，齐师大败之。丁未，入莱。莱共公浮柔奔棠，正舆子、王湫奔莒，莒人杀之。四月，陈无宇献莱宗器于襄宫。晏弱围棠，十一月丙辰而灭之。迁莱于郳。高厚、崔杼定其田。

观以上五事，彼此之间似乎无多大联系，但隔传再看，则又错综呼应，辘轳交织，形成一种特殊的连缀方式。“来朝”“来聘”“恃赂”“恃谋”“如郑”“如晋”“且修平”“且听命”，显然在昭示读者，此中有着某种内在的逻辑关系。这样的例子在《左传》中是不胜枚举的。它力图按照故事时间的先后，保持叙事的线性序列，用连叙法来组接空间的转换，同时又力图使文章呈现出一种变动不居、有机联系的整体面貌。不得不说，在编年体的格局下将不同空间的故事强力黏合在一起，仿佛是带着镣铐跳舞。如果说连叙法是在编年体的局限下最为原始甚至是“本能”式的时空连接，特别是空间转换的方法，那么类叙就显得灵便和自由得多了。

（二）类叙

所谓类叙是把性质相同或相似、联系较为紧密的事件归到一起加以叙述。如昭公十二年，周原伯绞虐待其民而为民所逐，甘悼公欲去其族而被族人所杀，两件事因性质相近而类叙成篇。最可称道者莫如文公十一年，《鄋瞒侵齐》：

鄋瞒侵齐，遂伐我。公卜使叔孙得臣追之，吉。侯叔夏御庄叔，绵房甥为右，富父终甥驷乘。冬十月甲午，败

> 狄于咸，获长狄侨如。富父终甥摏其喉以戈，杀之。埋其首于子驹之门。以命宣伯。
>
> 初，宋武公之世，鄋瞒伐宋。司徒皇父帅师御之。耏班御皇父充石，公子谷甥为右，司寇牛父驷乘，以败狄于长丘，获长狄缘斯。皇父之二子死焉，宋公于是以门赏耏班，使食其征，谓之耏门。
>
> 晋之灭潞也，获侨如之弟焚如。齐襄公之二年，鄋瞒伐齐。齐王子成父获其弟荣如。埋其首于周首之北门。卫人获其季弟简如。鄋瞒由是遂亡。

此篇在叙述鲁叔孙得臣败狄于咸，并俘获其首领长狄侨如之后，完全打破了时空的限制，把鄋瞒与中原各国在不同时期交战、俘获等情况，都归到了一起。由鄋瞒首领侨如被鲁所俘虏引发开来，左氏分别叙述了侨如之祖长狄缘斯被宋所获，其弟焚如为晋所获、荣如为齐所获、简如为卫所获以致灭亡的过程。各国与鄋瞒的交战情况当入国别史中，《左传》则打破国别的空间限制，将它们熔为一炉、集中叙述。《左绣》谓："凡类叙数事必以一事为主，用笔方有轻重，立格方有剪裁。"① 此文以侨如为主，后叙其祖其弟皆傍绕侨如进行。"类叙之有宾主，固已。而宾之中又有主焉，如此篇伐宋一段，句句与首相配，为四宾之主。下三节合成一段，又以中节为三宾之主。若轻重无法，则一屋散钱矣。"② 此文叙长狄侨如之祖长狄缘斯，较为详细，并是单独叙出；三个弟弟则合而叙之，简省利

① 冯李骅、陆浩：《左绣》，《四库全书存目丛书》，经部第 141 册，齐鲁书社 1997 年版，第 603 页。

② 冯李骅、陆浩：《左绣》，《四库全书存目丛书》，经部第 141 册，齐鲁书社 1997 年版，第 282 页。

落，小小结构中有许多变化。王源云："头绪愈多，文愈妙。盖多则错综颠倒，分合穿插，种种妙法，俱可施展，若头绪无多，便须分外生情，起炉作灶，所以多多愈善也。此传叙侨如一人，连类叙以及缘斯，又连类以及焚如，又连类以及荣如、简如。而或先或后，或略或详，或分叙或合叙，层峦叠嶂，峥嵘偪人。"①

又如定公元年，因"城成周"，晋之魏舒、鲁之孟懿子、宋之仲几、齐之高张、周之苌弘悉数登场，其中又以仲几为主。"此文传晋执仲几，事自应以仲几为主，而魏舒作引于前，高张做陪于后。章法遂如天外三山，一峰独秀。至前后两'不免'与中间'必以为戮'，又复穿成一线。则连山复岭中，原自灵气往来也，可以见片段之精，可以见线索之密已。"② 这种"连类以及"的写法可以将头绪纷繁、错综复杂的故事进行合并归类，使叙事脉络清晰而文章又具匠心。

（三）对叙

对叙是指在同一故事时间内讲述发生在两个不同空间的事件的叙事方式。在同一故事时间内，不同的空间都有事情发生，先讲述其中一个空间发生的事情，然后再回过头来讲述另外一个空间的事情，所谓"花开两朵，各表一枝"。对叙是实现空间交错转换的一种叙事策略。《左传》在记叙战争、政变等一类突发性事件时多用对叙法。因参与斗争的双方在同一时间段内均有不同的行动，为了把彼此的进展情况都交代清楚，所以多采用对叙。如城濮之战（僖

① 王源：《左传评》，《四库全书存目丛书》，经部第 139 册，齐鲁书社 1997 年版，第 229－230 页。

② 冯李骅、陆浩：《左绣》，《四库全书存目丛书》，经部第 141 册，齐鲁书社 1997 年版，第 603 页。

公廿八年）、邲之战（宣公十二年）、鄢陵之战（成公九年），将晋楚二军的情况两两对叙，这已为大家所熟知。

又如发生在文公十二年的秦晋河曲之战。《左传》首先交代了开战的原因："秦为令狐之役故。"因为是秦国首先发兵，所以先叙秦方的事情。几乎在同一时间，晋国也出兵迎战，在叙述秦方的战况时，随即将镜头对准晋方："晋人御之。赵盾将中军，荀林父佐之。郤缺将上军，臾骈佐之。栾盾将下军，胥甲佐之。范无恤御戎，以从秦师于河曲。臾骈曰：'秦不能久，请深垒固军以待之。'"在晋人谋划的同时，秦国这边也没闲着，他们也在商量对策："秦伯谓士会曰：'若何而战？'对曰：'赵氏新出其属曰臾骈，必实为此谋，将以老我师也。赵有侧室曰穿，晋君之婿也，有宠而弱，不在军事；好勇而狂，且恶臾骈之佐上军也。若使轻者肆焉，其可。'"叙事的空间在秦晋双方不停地交错转换，讲完秦方，同一时间内晋方也有所行动，所以再回过来叙述晋方的情况，故事在交错叙述中逐步推进。

十二月戊午，秦军袭击晋军的上军，几乎同时晋大将赵穿就追赶了出来，但没有追上秦军，只好悻悻而归。晋军将帅经过磋商，全军出击。双方刚一交战就不约而同地退兵，两个空间即将重合在一起，顷刻，又分开了。于是左氏又将镜头对准秦："秦国的使者夜里告诉晋军说：'我们两国国君的将士们都没打痛快，明天请再相见。'"与此同时，晋臾骈看出了秦国使者的破绽："使者目动而言肆，惧我也，将遁矣。薄诸河，必败之。"不过最后，晋军还是停止了出击的计划，"秦师夜遁"。整个战争的进程、双方在战略战术上的运用甚至心理上的变化都是在叙述的过程中得到展现的。这样写的好处是互相映衬，便于比较，是非成败即刻可见，文章结构也显得错落有致。

襄公十年，郑国发生了大动乱，一天之内，大臣子驷、司马子国、司空子耳暴尸于朝，连郑伯都遭到了劫持。子西和子产几乎同时在不同地点各自对付着暴乱分子。先叙子西：“子西闻盗，不儆而出，尸而追盗。盗入于北宫，乃归，授甲，臣妾多逃，器用多丧。”接着再回过头叙述子产这边的情况：“子产闻盗，为门者，庀群司，闭府库，慎闭藏，完守备，成列而后出，兵车十七乘。尸而攻盗于北宫。”对叙子西和子产各方的情况，描写出了暴徒如飞沙走石般的气势汹汹，让读者目不暇接、情不自禁地产生出一种紧张感，更重要的是以子西衬子产，对子产形象的塑造起到了不可小觑的作用。对叙的过程也是将叙事空间化的过程，它没有单方面地顺着时间线索甚至也没有遵循因果逻辑去讲述故事，在结构上显得整齐中有参差变化。

第三节　《左传》的对称结构

“对称结构”的运用可使文章既整齐又参差。于平衡之中求变动，能使文章笔力完固而又呈现出摇曳多姿的美感。《左传》写大战尤其善用此法。

宣公十二年，晋楚邲之战，这是楚庄王奠定霸业的一次规模巨大的战役，头绪繁多，人物纷杂，局面可谓是风起云涌、波澜壮阔，极难驾驭。而左氏用“两两相映”的对称结构一下子就化繁为简，化难为易，将一场极其复杂的战役写得有条不紊、既参差又整齐、既疏阔又圆密。

首先将战前双方将帅的策略、心态、言论、预测等相映而叙：

“楚人致师，晋鲍癸以其有辞而免之；晋人请战，楚潘党以其有辞而免之。魏锜、赵旃皆以有求不遂，而请使其显见者也。晋群帅皆不欲战，而欲战者惟先谷；楚君相皆不欲战，而欲战者伍参。荀林父之命不独不行，于先谷、赵括、赵同乃得而更之，在赵旃、魏锜皆得而强之；而楚之军政则专制于叔孙，不独伍参不敢违反，三帅亦莫敢参焉，即王必告焉，而使自改其前命。随季知楚之不可敌而不能止先谷之独进，栾书知郑之不可从而不能折赵括、赵同之党同。荀首以《易》论败之可必；楚子以《诗》论胜之不足为功。随季言楚之六事不易；楚子言己之七德俱无。引《诗》者五，古贤之言二，楚先君、晋先大夫之言二。”① 战前双方将帅情况交代清楚后，接着是战斗中双方的战况及对阵的形式：

> 随季则总述楚之军政；栾书则独举楚之车法。其中军及左右前后之制，既见于随季之言，故于后并举左拒右拒以备楚之军政。其乘广之制既详于栾书之言，故于后并举游阙以备楚之车法。栾书之言则赵朔称善；郤克之言则随季称善。②

最后，战斗结束时将双方将帅的行动再作两两相映而叙：“赵婴齐以舟具而先济；赵旃之兄与叔父以马良而先济。赵旃前以遇大敌弃车而走林，后以失良马弃车而走林。逢大夫二子之尸、连尹襄老之尸；知䓨之囚、公子谷臣之囚，凡事皆两两相映，如锦绣组文。

① 望溪先生口授，王兆符、程崟传述《左传义法举要·邲之战》，雍正六年（1728）刊本。

② 望溪先生口授，王兆符、程崟传述《左传义法举要·邲之战》，雍正六年（1728）刊本。

观者但觉其悦目，而无从觅其针功，后有作者不可及也。”①

方苞以探求《左传》文章义法而著称，此以“两两相映”来概括邲之战的对称结构可谓深中肯綮。将帅为战争之主，此文从双方将帅的心态、言论、策略一一作对称写法，胜败已寓其中。而许多琐屑如随季言楚之六事不易，楚子言己之七德俱无；晋赵旃前后两次弃车走林等都次第成对，褒贬暗藏其内。楚囚晋知罃、晋囚楚公子谷臣，不但两两相映，并为后来知罃、公子谷臣归国诸事埋下伏笔，为下文照应做好铺垫。方苞同时又指出这种“两两相映”的手法，“与诸战略同”，旨在说明《左传》当中运用此法相当普遍。成公十六年，晋楚鄢陵之战。此战晋国内部矛盾重重，楚国以不败而败。林纾总结此篇云：

> 纾按此章，文字之美，美不胜收。然以大势论之，实得一“偶”字法。何云偶？每举一事，必有对也。当子反入，面退老之申叔时，此老洋洋吐辞，料敌乃同蹇叔，是楚师之败，已决申叔时一言。而为之对者，姚句耳也。申叔时之言败，言其动作之非时，姚句耳之言败，言其节制之无术，此一偶也。范文子之不欲战，在事前言之；栾武子之悔此一战，在事后及之，又一偶也。郤至好事，料敌如神；范匄少年，论事有胆，又一偶也。伯州犁自晋降楚，苗贲皇亦如伯州犁写法，则沉重板滞，左氏断不为此，故写伯州犁用繁笔，写苗贲皇用简笔，繁简又是一偶。晋侯临战而卜，吕锜因梦而占，又是一偶。郤至免胄，楚子谓其有礼；栾针执

① 望溪先生口授，王兆符、程崟传述：《左传义法举要·邲之战》，雍正六年（1728）刊本。

> 榼，子重谓其践言，又是一偶。至潘党、养叔之蹲甲，皆中，已自为偶矣。乃吕锜射王，而养叔报仇，又是一偶。尤妙者，韩厥后郑伯，苟用杜溷罗之言，必获郑伯，乃韩厥不可而止，郤至亦从郑伯，又有茀翰胡为杜溷罗之对，亦几获郑伯矣，而郤至不可而止，此偶殊属天然。至于子反收军，察夷伤，补卒乘，缮甲兵，展车马，鸡鸣而食；而苗贲皇亦徇于师，搜乘、补卒，秣马、利兵，修陈、固列，蓐食、申祷，所言一如子反，则明明示读者以偶笔矣。故善为文者，因事设权，往往使人不觉。①

鄢陵之战，除了上面林纾所列举的对称之处外，其实还有不少其他的例子，如楚乐伯入晋军致师（按，即为向敌方挑战），晋魏锜入楚军请战；楚乐伯射麋而献与晋魏锜射麋而献；晋鲍癸不追楚乐伯，楚潘党不追晋魏锜等。林纾所谓的“偶”字法其实就是“两两相映”的对称结构。其还强调用“偶”字法要顺其自然，“因事设权”，使人不觉其“偶”，才能美不胜收。此文处处用对称，而自然天成，以其整齐中有参差变化。清刘海峰《论文偶记》云：“文贵参差。天之生物，无一无偶，而无一齐者。故虽排比之文，亦以随势曲注为佳。”②

清徐昂《文谈》曰：“鄢陵之记载变化诸法，大半寓于偶对之中，兹举其最要者：如叙晋军与楚军各将间接偶对，晋下军不详佐，新军不详将，楚上下军变称左右：皆不详佐。叙晋乞师，分详郤犨、栾黡，叙郑乞师，但云使告于楚，不言乞师，又不详使者姓

① 林纾：《左传撷华·鄢陵之战》篇后评，商务印书馆民国十年版。

② 王水照编：《历代文话》（第六册），复旦大学出版社 2007 年版，第 5794 页。

氏，只详与往者：皆偶对错综之例。”① 用偶对错综的方法，可以起到“互见”的修辞效果，详略互参，虚实相应，文笔简省而意涵丰富。同为君主身边的参谋，《左传》中写楚王身边的伯州犁就非常详细，通过其连续回答楚王登巢车望晋军的不同举动，将晋军的备战情况都一五一十地交代清楚了。而写晋侯身边的苗贲皇就只有简短的一句话：“苗贲皇在晋侯之侧，亦以王卒告。”这说明晋侯也在观察楚军的举动，相对成文而以简驭繁，言外之意即晋侯看到的情况也和楚王看到的差不多。林纾谓：“写伯州犁用繁笔，写苗贲皇用简笔，繁简又是一偶。”用简笔化沉重板滞为轻灵活泼，免除了冗赘，又收到了四两拨千斤的效果。

清人评点《左传》常常强调“文章之妙全在无字句处”，“能于无字句处看文，便能于无字句处为文”。② 所谓妙在无字句处即是说作者之意往往隐含于文字之外、章法之内，所以需要“好学深思”才能“心知其意”。此处写伯州犁泼墨如水极尽详细之能事，而及苗贲皇则一笔带过，而情韵都包藏无遗，以其用对称法布局，不言楚军个中情形而能晓然自彰，因其不言所以说妙在无文字处。谚云“桃李不言，下自成蹊”，左氏自张“微而显”，其是之谓乎？伯州犁因晋杀三郤受牵连从晋国逃到楚国；苗贲皇因楚灭若敖氏获罪而自楚降晋。两个逃亡之臣现在都在为自己故国的敌人服务，因他们都熟悉故国的情况而被他国用作鹰犬般的工具。两两相对之间包含多少辛酸、多少讥刺、多少褒贬！此都不言而自著，“妙全在无字句处”。评点家所云“暗对”“暗笔”“暗叙”等大抵为此类写

① 王水照编：《历代文话》（第九册），复旦大学出版社 2007 年版，第 8979－8980 页。

② 王源：《左传评》，《四库全书存目丛书》，经部第 139 册，齐鲁书社 1997 年版，第 277 页。

法。可见，虚实明暗之间有大义存焉。

“至于子反收军，察夷伤，补卒乘，缮甲兵，展车马，鸡鸣而食；而苗贲皇亦徇于师，搜乘、补卒，秣马、利兵，修陈、固列，蓐食、申祷，所言一如子反，则明明示读者以偶笔矣。”① 诚如林纾所云，所用“偶笔”读者一望而知，然而读过之后却并不觉其“偶”，此即左氏文章的高妙所在。为了方便讨论，我们将鄢陵之战中的这段文字备录于下：

> 子反命军吏，察夷伤，补卒乘，缮甲兵，展车马，鸡鸣而食，唯命是听。晋人患之。苗贲皇徇曰：“搜乘、补卒，秣马、利兵，修陈、固列，蓐食、申祷，明日复战！”

此段文字极为简洁，就论事而言几乎是“工对”，就论文而言，因其善于错综变化而并未堕入整齐呆板的程式化窠臼。清徐昂对此有细致周到的分析：

> 子反命军吏与苗贲皇狥师直接对偶，错综之例凡有六式：(一) 记言之错综。“子反命军吏”云云，化记言为记事，苗贲皇狥师之言用“曰”字入口吻；(二) 详略之错综。“察夷伤”一层，前详而后略，“修陈、固列”一层，前略而后详，甲车二端亦前详后略；(三) 分合之错综。卒乘前合而后分，兵马前分为二句，后合为一句；(四) 次第之错综。卒乘兵马四端，前后次第皆不同；(五) 词之错综。“鸡鸣而食”与“蓐食”一也，“唯命是听”与

① 林纾：《左传撷华·鄢陵之战》篇后评，商务印书馆民国十年版。

"申祷"之意相通，而词有变化；（六）句式之错综。前有四句用三言式，后化为四言式。①

徐昂《文谈》所谓"化记言为记事""口吻"云云，实为前后叙事视角的变化，前为第三人称的视角（即从军吏的眼中看出），后为苗贲皇第一人称的视角。从这个细节反映出一些重要的信息：因子反是楚国的令尹又是此战的主帅，位高权重，所以可指使部下（军吏）代为布置；而苗贲皇是一介亡命之臣，寄人篱下，"楚材晋用"，只能谨慎行事才能获得晋国的信任。因楚杀掉了苗贲皇的父亲斗越椒并消灭了若敖氏，所以从这里也可以看出苗贲皇复仇心切，所以此战他出谋划策、事必躬亲。更值得注意的是，这个细节已悄无声息地为后文的战争走势埋下了伏笔。

子反让军吏替自己张罗，而他自己干吗去了呢？"谷阳竖献饮于子反，子反醉而不能见。"此战最终以楚败晋胜而告终，从这一个微乎其微的变化便可窥见其一斑。可见，错综变化的对称结构不但是行文笔法、叙事策略的调整，同时也寄寓了作者的褒贬意图。所谓"详略、分合、次第、词、句式"错综，皆是着眼于文章各种外在形式的变化。从叙事学的角度来讲，详略（错综）是叙事时间的疏密的变化，分合、次第（错综）是叙事空间的组接变化，词、句式（错综）是叙事语言的修辞变化。用对称结构而不死板，因其善用各种手法使之错综变化，所以总觉其自然天成，不见斧凿痕迹。

僖公十五年，秦晋韩之战。此战秦胜晋败，以秦穆公有德与晋

---

① 王水照编：《历代文话》（第九册），复旦大学出版社 2007 年版，第 8980 页。

惠公无德作总对贯穿全篇，其中又包含许多细对：秦穆公招纳贤人百里奚、公孙枝、丕豹等人，晋惠公逐群公子；秦穆公输粟于晋，晋惠公闭籴于秦；秦穆公亲贤远佞，晋惠公亲佞远贤；秦国善良持重的百里奚与愤激轻率的丕豹相对，晋国深谋远虑的庆郑与鼠目寸光的虢射相对。晋败后，晋惠公被俘，阴饴甥来到秦国，凭着三寸不烂之金舌，终于说服秦穆公放还晋惠公。这一篇对话就是著名的《阴饴甥对秦伯》，被许多古文选本当作辞令的模范：

> 十月，晋阴饴甥会秦伯，盟于王城。秦伯曰：晋国和乎？对曰："不和。小人耻失其君，而悼丧其亲，不惮征缮以立圉也，曰：'必报仇，宁事戎狄。'君子爱其君而知其罪，不惮征缮以待秦命，曰：'必报德，有死无二。'以此不和。"秦伯曰："国谓君何？"对曰："小人戚，谓之不免；君子恕，以为必归。小人曰：'我毒秦，秦岂归君？'君子曰：'我知罪矣，秦必归君。贰而执之，服而舍之，德莫厚焉，刑莫威焉。服者怀德，贰者畏刑，此一役也，秦可以霸。纳而定，废而不立，以德为怨，秦不其然。'"秦伯曰："是吾心也。"改馆晋侯，馈七牢焉。

阴饴甥借君子、小人，故作张皇，暗将秦穆公置于圈套之内。一正一反，表面讨好，暗藏威胁。对称之中又富于变化："问'和'却说'不和'，说'不和'，妙绝！然句句说'不和'，却正是句句说'和'，尤妙绝也！语语托之君子小人，则唯吾意所欲言，唐突而不患于亢，乞怜而不患其贬，此真游说妙诀，亦真行文妙诀，乃代字诀之所本也。”① 欲说“和”，偏偏以“不和”作张皇，欲举“君子”，却以“小人”作烟幕，是欲擒故纵。“和”是正，“不和”是奇。君子是正，小人是奇。此尤贵在以奇为正，寓正于奇。奇正互用，文势跌宕。

君子、小人好比阴饴甥手中的一矛一盾，左右协作，进能攻，退可守，进退自如。以君子作正面盘旋，以小人作反面要挟，从正反两面辘轳夹击，而秦穆公终无路可进亦无路可退。此篇娓娓道来，自然成局，使人不觉其生硬做作。不知不觉之间阴饴甥已把秦穆公说得心悦诚服，即刻便改了主意。于是，秦穆公释放晋侯并加以款待：“改馆晋侯”，“馈七牢焉”。君子小人，本身已铁成一对，文情却并不呆板，贵在欲擒故纵、奇正互用、一正一反，化整齐为参差，寓参差于整齐，使文章摇曳多姿而绝无滞涩之弊。

在秦晋韩之战十八年之后，即僖公三十三年，秦晋又发生了一次大规模的战役，即殽之战。这一次，秦败晋胜。韩之战，秦伯有德而获捷；殽之战，秦伯狂妄而致败。韩之战，晋惠公无德而取败；殽之战，晋文公厚德而大胜。韩之战，穆姬请释晋惠公；殽之战，文嬴请释秦三帅……两两相对之间，历史的沧桑、教训的深刻、褒贬的道理皆不言而喻。两战前后相距甚远，中间横隔无数曲折，读者依然可以从错综纷纭的历史故堆中清理出对称的结构，若左氏非有意如此则万万不能办到。所谓参差中亦有相对处、整齐处。冯李骅云：

> 古文今文体裁各别，自来皆以参差论古，固已然。乾

① 冯李骅、陆浩：《左绣》，《四库全书存目丛书》，经部第141册，齐鲁书社1997年版，第231页。

> 奇坤偶，其不齐处正是相对处。愚观左氏篇段，无论本当属对者，必两两对写。即极参差中未尝不暗暗相准而立、相耦而行。散中有整，在作者尤精致独绝。盖参差者，其迹整齐者其神，读者慎毋以乱头粗服为古人也。①

冯李骅善于从“不齐处”发现“相对处”，从参差中找到“暗暗相准而立、相耦而行”的对称笔法。四库馆臣讥其“竟以时文之法商榷经传”②，或有其恰当的一面，评点家自有其时代的局限，未可深责。文章有时文、古文之别，而文章理论未尝不能超越二者之上。明詹仰庇在为归有光《文章指南》所作的序中就曾一针见血地指出：“文一而已矣，后世科举之学兴，始歧而二焉，学者遂谓古文之妨于时文也，不知其名虽异，其理则同，欲业时文者，舍古文将安法哉?”③ 冯李骅等不遗余力地强调《左传》“对偶”的结构特点，认为这“在作者尤精致独绝”，并告诫读者切不要把《左传》的参差处看作错杂无序的“乱头粗服”，这是非常可取和值得肯定的见解。

---

① 冯李骅、陆浩：《左绣》，《四库全书存目丛书》，经部第141册，齐鲁书社1997年版，第139页。

② 永瑢等撰：《四库全书总目》（下册），中华书局1965年版，第1751页。

③ 归有光编：《文章指南》，《四库全书存目丛书》，集部第315册，齐鲁书社1997年版，第623页。

第四章 《左传》的筋脉联结

文章的大体结构确定以后，必须要有联结性要素把它们组合成一个有机联系的整体，不然前后各个意义单元和板块就可能像是被拆散的七宝楼台。联结的方式有两种，一种是直接性的联结，古人称为“过文”或“过脉”，强调其过渡性的价值；另一种是间接性的联结，古人称为前后“伏应”或首尾“呼应”，强调它们之间的互文性或互动性的价值。联结性要素好比人体骨骼间的筋节和人体周身气血借以运行的脉络。筋节使骨骼组合成整体的时候又不使其僵硬，具有柔韧性而使各部分运转自如。中医经络学认为人体由“奇经八脉”组成经纬纵横的通道，是人体各种机能得以交流、协作、整合的凭借。直接性联结和间接性联结都是行文必不可少的要素，“盖得此则板者活，断者联，涣者聚，纷者理”。①

第一节 直接性联结

直接性联结是上下文得以贯通协调、结成整体的关键。清何家

① 冯李骅、陆浩：《左绣》，《四库存目丛书》，经部第 141 册，齐鲁书社 1997 年版，第 141 页。

琪《古文方三种》论“筋节”云：“无筋节则不紧。”① 清唐彪《读书作文谱》云：“过文乃文章筋节所在。已发之意赖此收成，未发之意赖此开启。此处联络得宜得法。或作波澜用数语转折而下，或止用一二语直捷而渡。反正长短皆所不拘，总要迅疾矫健，有兔起鹘落之势方佳也。不然虽前后文极精工，亦减色矣。”② 以上所举，强调了“过文”的重要性，也指出了其结上启下，贯通文脉的功用。明左培《书文式·文式》论“过文法”云：“乃文章命脉所系，前半赖此收成，后半赖此提起。”③ “过文”具有承前启后、牵上搭下的联结作用，是组织文章不可缺少的一环，无之则文思不够缜密（即“不紧”），从而导致文章“减色”。金圣叹在《读第五才子书法》谈《水浒传》的直接性结构联结时用“鸾胶续弦”形象地说明其具有神奇的黏合功能。“从一个叙事部分过渡到另一个叙事部分，总是意味着某种转折的，因为两部分之间多少存在着人物事件、情调情态的区别，不然它们就不构成两个部分。两个部分间的连接、转折、推移、过渡，是结构中极为充满活性的地方，真正的艺术家当会在这类地方使出浑身解数，而不敢轻忽和懈怠的。”④ 冯李骅赞《左传》云：

> 要其惯用家数，所以运量万有不齐者，有两大笔诀：一是以牵上为搭下，如“曲沃伐翼”，本以“建国弱本”

① 王水照编：《历代文话》（第六册），复旦大学出版社 2007 年版，第 6037 页。

② 王水照编：《历代文话》（第四册），复旦大学出版社 2007 年版，第 3535 页。

③ 王水照编：《历代文话》（第三册），复旦大学出版社 2007 年版，第 3170 页。

④ 杨义：《中国叙事学》，人民文学出版社 1997 年版，第 65 页。

> 对上“成师兆乱”，却以惠之二十四年与下三十年、四十五年作类叙；又如“王巡虢守” “与之酒泉”，本连下“请器”，却抽出与上文“与之虎牢”作对叙是也。一是以中间贯两头，如郯战前后十六转只以“盟有日矣”一句为关楔；重耳出亡前后，凡历六国，却以宋襄赠马一节为界画是也。……不独叙事，即议论亦以此为机杼。乃通部极精极熟极得力极得意处，特拈出一斑，而全豹尽窥矣。①

从冯氏的论述来看，倒是从普遍性原则上指出了《左传》行文极为注重联结性要素的特点，但从其所举的例子来看，似乎又偏指直接性联结。其所谓“牵上搭下”注重的是直接性联结的过渡意义，“以中间贯两头”则注重的是直接性联结的转折功能。不过，其已特别声明“特拈出一斑”而已，所以，不必求全责备。徐昂《文谈》论《鄢陵之战》时，也特别指出“旦而战，见星未已”，“二句束住前事，引起后事，系左氏牵上搭下之妙法”②。

除以上所引两家之外，又如：隐公元年的《郑伯克段于鄢》以“遂置姜氏于城颍”一句为关楔。前半部重在倒叙“郑伯克段”的经过：“这段倒叙文字，把时间倒转了36年以上。在母子兄弟交恶的情形下，郑庄公采取养痈自溃、坐待其毙的政治权术，在弟弟段的阴谋暴露之时，发兵讨伐之，攻克了京、鄢等城池，驱使段出奔到共邑。”③ 前半部文字是《左传》本年系事的正文。后半部重在

---

① 冯李骅、陆浩：《左绣》，《四库全书存目丛书》，经部第141册，齐鲁书社1997年版，第141页。

② 王水照编：《历代文话》（第九册），复旦大学出版社2007年版，第8981页。

③ 杨义：《中国叙事学》，人民文学出版社1997年版，第148页。

补叙郑庄公母子和好“如初”的闹剧：“正文完毕，以后所写当属补叙，因为它已经超出‘夏五月’的范围了。庄公把他的母亲安置在城颍，发誓‘不及黄泉，无相见也’，不久又后悔。颍考叔就讽喻之，策划之，使他们母子不违誓词、又不失体面地团聚了。”① 而前半部倒叙和后半部补叙之间的“连接、转折、推移、过渡”全赖“遂置姜氏于城颍”一句牵搭。于此，杨义论述道：“这番补叙不可无，无则文章的境界残缺。有之，则补叙与倒叙呼应，使全文以母子交恶始，以母子团聚终，这就可以让选家编入《古文观止》而教子弟以文章作法了。”② 他虽然重点在强调后半部补叙的意义和价值，但这段补述得以顺理成章地发生却有赖直接性联结的“牵上搭下”之功。而在补叙部分，又以“既而悔之”一语为“筋节”。《古文观止》于此评云：“‘无相见也’以上，纯是杀机，颍考叔以下，纯是太和元气，‘既而悔之’一句，是转杀机为太和的紧关。”③ 直接性联结的价值和意义，由此可见一斑。

襄公十年的《偪阳之役》，以“诸侯之师久于偪阳”一句为转捩。是役晋荀偃、士匄帅诸侯之师请求伐偪阳以封宋大夫向戌，主帅荀罃知其不可，但为了顾全大局，勉强同意。战斗打响之后，久攻不克。于是，转而详细叙述秦堇父、狄虒弥、鄹人纥三人在战斗中的英勇表现，洋洋洒洒。有这么多身怀绝技的勇士，而战斗却一直无法取得进展，恰恰印证了荀罃“城小而固”的判断。详写三勇士，而三勇士并不是文章的正题，那么如何过渡到正文呢？这是非常值得注意的地方，也是结构文章的匠心所在。诚如林纾所云：“三子者，文中之客，而知罃（笔者按，即荀罃）则文中之主。于

① 杨义：《中国叙事学》，人民文学出版社 1997 年版，第 148 页。
② 杨义：《中国叙事学》，人民文学出版社 1997 年版，第 148 页。
③ 吴楚材、吴调侯选：《古文观止》，中华书局 1959 年版，第 4 页。

客位尚尔留意到底，则主体自尤极留意。唯文字写三子过多，客位侵占过巨，转入正文，如何着手？此际须看其转捩之法，文间间着下‘诸侯之师久于偪阳’八字，无意中应上‘城小而固’，唯城固所以诸侯久攻不下。荀偃、士匄始生出懈心，径请班师，竟不出荀罃所料。照应上文，并复归本位，丝毫不费气力，真神品之文字。”① “照应上文，并复归本位”即所谓“牵上搭下”。尤其妙在“牵上”并不刻意牵强即林纾所谓“无意中”，“搭下”又“丝毫不费气力”，使上下文连贯一气而又不见斧凿痕迹，有兔起鹘落之势。明李腾芳《文字法》论文字运脉曰：“贵空而不贵实，如山岩巉绝之际，飞梁而行；贵轻不贵重，如江河浩荡之中，一苇而过；贵隐而不贵显，葩香暗度而人不知。此文字之妙也。”② 左培《书文式·文式》亦云：“问答截搭，多有不贯串者，要就本题神脉，融会渡过，如天孙裁锦，无缝迹痕方妙。”③ 左氏庶几得之。

其他如僖公五年，《宫之奇谏假道》以“虞不腊矣。在此行也，晋不更举矣”为关棙，既收结上半篇，又领起下半篇；僖公十五年，《韩原之战》以“晋侯使郤乞告瑕吕饴甥，且召之”联络上下文。

① 林纾：《左传撷华·偪阳之役》篇后评，商务印书馆民国十年版。

② 王水照编：《历代文话》（第二册），复旦大学出版社 2007 年版，第 2494 页。

③ 王水照编：《历代文话》（第三册），复旦大学出版社 2007 年版，第 3170 页。

第二节 间接性联结

清宋文蔚云："一篇之中，其前后中间互相呼应，互相联合处即文之脉络。"① 李渔说："编戏有如缝衣，其初则以完全者剪碎，其后又以剪碎者凑成。剪碎易，凑成难。凑成之功，全在针线紧密。一节偶疏，全篇之破绽出矣。每编一折，必须前顾数折，后顾数折。顾前者，欲其照映，顾后者，便于埋伏。"② 所谓"埋伏、照映"等指的都是间接性联结。前后伏应、首尾呼应，是评点家乐此不疲的话题。金圣叹评《水浒传》有所谓"草蛇灰线法"；毛宗岗评《三国演义》有所谓"隔年下种，先时伏着""有应有伏，一笔不漏"等；张竹坡评点《金瓶梅》，有所谓"血脉贯通，藏针伏线，千里相连"；脂砚斋评《红楼梦》，有所谓"一树千枝，一源万派，无意随手，伏脉千里"，以及"草蛇灰线，在千里之外"等话头；清初王源和稍后的冯李骅、陆浩等评点《左传》也有所谓"草蛇灰线"的说法。

间接性联结之所以重要，"是因为没有它，就无法贯通行文的血脉，也谈不上结构的统一性。问题很清楚，叙事的过程实际上是以单线性的语言文字去描写多维性的大千世界的过程……不可避免地需要不时地切断某一线头，插入另一线头，而在若干篇幅之后还得重提原先的线头。要使众多的线头在切断和重提之间不致杂乱无章，就必须精心地在切断时埋下伏笔，在重提时作出呼应，从而获

① 宋文蔚：《评注文法津梁》，商务印书馆民国五年版。

② 李渔：《闲情偶寄》，云南人民出版社 2016 年版，第 17 页。

得断中有续，续而不乱，细针密缕，血脉流贯的审美效应”①。左氏为文细致精审，布置周到，故常常有此妙处。

明焦竑《春秋左翼·序》论《左传》的间接性联结有云：“丝牵绳联，回环映带，如树之有根株枝叶，扶疏附丽，使人优游浸渍，神明默识，而忽得旨归。二百四十二年之成败宛如一日；七十二君之行事，通为一事，故曰奇也。”② 这与评点家所谓的“一树千枝，一源万派，无意随手，伏脉千里”等，如出一辙。林纾《文微》云：“左氏书亦编年体也，而眼光特钜，且有大本领。每写一事已，乃再及于其它，却能随时埋根，使前后相照应”③；其又云：“左氏往往于远处埋根，后来写绚烂之文，皆非不根之论，读者细心察之自见。”④ 由于前有“埋根”，而且埋得远，故后面的照应就显得从容不迫、理直气壮——有根有据了。

间接性联结常常又称作线索，“线索者，所以联络全文也，无此则头绪纷如矣”⑤。《左绣》云：“左氏有绝大线索：于鲁则见三桓与鲁终始，而季氏尤强；于晋，则三晋之局，早定于献公之初；于齐，则田齐之机，早诀于来奔之日；三者为经。秦、楚、宋、卫、郑、许、曹、郑等纷纷皆其纬也。洵乎鲁之《春秋》，其事则齐桓、晋文，一言以蔽之矣”⑥。若从其所论，则《左传》以鲁、晋、齐为经，以

---

① 杨义：《中国叙事学》，人民出版社 1997 年版，第 68 页。

② 王震撰：《春秋左翼·序》，浙江汪启淑家藏本。

③ 王水照编：《历代文话》（第七册），复旦大学出版社 2007 年版，第 6543 页。

④ 林纾：《左传撷华·晋逐栾盈》篇后评，商务印书馆民国十年版。

⑤ 王水照编：《历代文话》（第六册），复旦大学出版社 2007 年版，第 6037 页。

⑥ 冯李骅、陆浩：《左绣》，《四库全书存目丛书》，经部第 141 册，齐鲁书社 1997 年版，第 141－142 页。

其他诸侯为纬，线索分明。这种看法或有主观阐释的因素，但也并非全无道理，而这种线索的呈现是靠间接性联结得以展示的。

纵观全书，《左传》的间接性联结大致可以分为以下几种情况：一是以时空转移为线索，二是以带笔、闲笔为提应，三是以准叙事意象带来联结作用。其他还有以预言应验为前后伏应，我们已在“预叙”部分讲过了，不复赘述。

一、以时空转移为线索

《左传》编年记事总体上是依照自然时间的先后连缀成文，此不待言。自然时间的线性特点使其极为轻松地成为结构文章司空见惯的一种线索，时间的推移也常常伴随着空间的转换，所以以空间为线索联络全文也有较强的操作性。以时间为线索，如成公十六年，鄢陵之战。陈衍《石遗室论文》云：

> 鄢陵之战，凡一千八百字。其线索之显然者为时日。首言“五月，晋师济河”，次言“六月，晋楚遇于鄢陵”，又次言“甲午，晦，楚晨压晋军而陈”，又次追言甲午前一日癸巳日事，又次以“及战”二字，回叙到甲午日事。又次总一句曰“旦而战，见星未已”，以“旦”字接上文“晨”字，以“见星”起下文“乃宵遁”句。中间言“诘朝，尔射死艺”，则以“诘朝”反逗甲午日也。子反之命“鸡鸣而食”，苗贲皇之言“明日后战”，则虚拟时日，以反逗到宵遁也。未战，栾书言“三日必退”，既战，言“三日谷”，尤显然者。盖他战若城濮与邲，胜负皆决于俄顷，惟鄢陵终日苦战，且有先期备战，明日复战诸议，故非处处点明时日不可，且翻来覆去，点明亦不正不易。如

> “甲午晨，楚压晋军而陈”一大段，既叙在，前，则追叙前一日癸巳事，循例用“初”、用“先战”似无不可。然上文叙许多事，实尚未战，则“先战”不可用也。若用“初”，则觉太泛，与楚子所言之“诘朝”不合。故创例特用“癸巳”，的是甲午前一日，开后人无限法门。①

显然，这里以“时日”为线索，不单纯是以时间的线性特点来联络全文，还时不时地切断自然时间加以插补，以便能全方位地展示战争的丰富面貌。不过插补也是以关键性的时间点来衔接、照应（即反逗），并且在行文中对具体“时日”的处理、点醒尤能体现呼应联络的匠心。如补叙“癸巳”（五月二十九日）一段（前文已叙过甲午日），这是甲午（五月三十日）前一日的事．如果循惯例用“初”或“先战”等也并非不可，但起不到“反逗”、照应的效果。用“癸巳”具体指明其是发生在甲午日前一天的事，并且又从此日楚王口中的“诘朝”（按，即第二天早上）照应到甲午早上的战斗。而甲午是晋楚两军形成对垒攻战的日子，所以补叙战斗前一天的事情有特别的意义。

甲午日战斗从早上一直持续到晚上，“旦而战，见星未已”，“旦”字又应上文的“晨”字，因为胜负未定，所以又为下一日的战斗埋下了伏笔。休整一晚后，战斗继续，楚军溃败，“宵遁”又暗应子反之命“鸡鸣而食”，苗贲皇之言“明日后战”。可见，此文处处以时间联络照应。其他如昭公二十一年，宋华、向之乱；昭公二十三年，王子朝如王城等，也都是以时间作为线索的典型例子。

以地点为线索，如宣公十二年，邲之战。陈衍云：“此战线索

① 王水照编：《历代文话》（第七册），复旦大学出版社 2007 年版，第 6677 – 6678 页。

之最大者在地理。晋师在河之北，楚师在河之南，故晋师救郑，首提‘及河’二字，次言彘子‘以中军佐济’，又次言‘师遂济’，又次言楚‘闻晋师既济’，此由河北而济河南也；后言‘先具舟于河，故败而先济’，又言‘先济者有赏’，又言‘宵济，亦终夜有声’，此由河南而济河北也。末以‘祀于河’作结。”① 随着叙事的推进，故事发生的空间也在不断地转换。纵观全篇，地点显然具有串联上下文的联结意义。

二、以带笔、闲笔为提应

提应即前有提后有应。冯李骅云“篇法最重提应”②，而以闲笔、带笔提应尤其难能可贵。“凡文字于百忙之中，夹入一事，此最难着笔。左氏却从容带出，初不用力，又镕入下文，一无痕迹，妙极矣。”③ 如鄢陵之战，在激烈的战斗中，左氏不忘记述郤至谨守军礼的行为：“三遇楚子之卒，见楚子，必下，免胄而趋风。”一年之后，这成为政敌栾书诬告他通敌谋反的证据，最终酿成悲剧，郤至惨遭杀戮。极具“隔年下种，先时伏着”之妙。

僖公五年，晋献公派遣寺人披攻打重耳所驻守的蒲城，重耳跳墙逃跑时，被寺人披砍掉了袖子（披斩其袪）。十九年后，重耳回国即位，披请求进见，晋文公派人责备他，并提及蒲城那次战斗，呵斥他赶快滚走并郑重提醒他被砍的那只袖子还在：“夫袪犹在，女其行乎！”可谓“草蛇灰线，在千里之外”。

---

① 王水照编：《历代文话》（第七册），复旦大学出版社 2007 年版，第 6676－6677 页。

② 冯李骅、陆浩：《左绣》，《四库全书存目丛书》，经部第 141 册，齐鲁书社 1997 年版，第 139 页。

③ 林纾：《左传撷华 · 迁延之役》篇后评，商务印书馆民国十年版。

晋楚邲之战，楚俘获了晋国的荀罃，而荀罃的父亲荀首射杀了楚国的连尹襄老并俘获了楚公子谷臣，这为日后晋用楚公子交换荀罃攒下了资本，同时又为楚申公巫臣借迎连尹襄老的尸体勾搭夏姬伏笔。

襄公二十五年，齐国发生崔氏之乱，在齐庄公被弑之后的纷乱局面下，左氏顺便将卢蒲癸和王何以及申鲜虞逃亡的事轻轻一提。申鲜虞逃到鲁国，两年后，受到楚国的召唤，不久就到楚国做了右尹。若干年后，庆封召回卢蒲癸，又在卢蒲癸的建议下召回王何，此举实乃请狼入室，最终铸成大祸，于是将前面留下的线头都纷纷接上，所谓“血脉贯通，藏针伏线，千里相连”。卢、王二人合力迫使庆封逃亡到鲁国，此前一年，即襄公二十七年，庆封曾受命出使过鲁国，他驾着豪车出行，风光无限，“齐庆封来聘，其车美”。一年以后，庆封被迫亡命鲁国，他为了讨好鲁国的权贵，把豪车献给鲁国当权的季氏（“献车于季武子，美泽可以监”），此又形成了前后照应的关系。所谓“隔年下种，先时伏着”。

宣公四年，楚杀大夫斗越椒并灭掉了若敖氏。开篇追叙越椒出生时的情景，族叔子文说这个孩子是“熊虎之状而豺狼之声”，断定其将会给若敖氏家族带来毁灭性的灾难。子文临死之时忧心忡忡，奉劝家人一旦越椒执政则快点离去，并哀叹若敖氏将面临后继无人的局面。左氏是如何将这些断言和奇怪之事在不知不觉间做到前后照应的呢？“观子文临命之言，‘椒也知政’句，眼光直注到伯棼之反谋；‘鬼犹求食’句，眼光又注到尽灭若敖氏，声抗而悲，此是左氏写生长技。要之上句同为杀伯棼（笔者按，即越椒）之张本，下句即为留箴尹（笔者按，即子文孙）之张本。长于文者，起处即顾到归宿之地。”① “椒也知政”“鬼犹求食”都是子文临终前

① 林纾：《左传撷华·斗越椒之乱》篇后评，商务印书馆民国十年版。

的话，一为越椒谋反埋下伏笔，一为楚王念子文劳苦功高留下其孙箴尹设伏。所谓“起处”就预想到后文的归宿。此种笔法极为自然，顺带而下，毫不费力。

下文又因灭若敖氏而带出若敖之族的由来，兼及子文的身世：“生子文焉。郧夫人使弃诸梦中，虎乳之……楚人谓乳谷，谓虎于菟，故命之曰斗谷于菟。”林纾云：“左氏一生好奇，虎乳弃儿，此万古不常闻之奇事，在文家中必欲一泄其异。顾于子文死后，补叙生平，于行文亦不为不简。惟凑巧适遇越椒谋反，补叙越椒之生，复有虎状而豺声，此虎字适引下‘于菟’两字。意左氏写到此处，忽然追忆及于虎乳之事又苦搀插不入，故于尽灭若敖氏句下，带出若敖。因若敖遂及伯比，因伯比遂及子文，一及子文，则虎乳之事尽可恣意发挥。既不牵扯，又不穿凿，极行文之乐事矣。”① 子文说越椒是“熊虎之状而豺狼之声”，而他自己本为私生子，出生之后即被母亲抛弃，竟然有老虎给他哺乳。这样的奇谈怪闻，左氏顺带写出，又与前文的“虎状而豺声”形成照应，很能体现左氏精熟于联络照应、为文针线细密的特点。

昭公二十年，宋国华氏、向氏作乱，主导者是华亥和向宁。宋元公杀了华氏和向氏的人质后，就进攻这两家，华氏和向氏急忙逃亡到陈国去，并顺带叙及华登——“戊辰，华、向奔陈，华登奔吴”。这为昭公二十一年华登以吴师救华氏埋下了伏笔。百忙之中，“随时埋根，使前后相照应”。

宣公十七年，晋侯派郤克到齐国去召请齐侯参加盟会，齐顷公用帷幕遮住妇人（顷公母），让其趁此窥视。郤克刚登上台阶，那个妇人居然在厢房里笑出声来。郤克非常恼火，发誓要加以报复。这为三

① 林纾：《左传撷华·斗越椒之乱》篇后评，商务印书馆民国十年版。

年后（成公二年）的齐晋鞌之战埋下了伏笔。后来晋国果然战胜了齐国，晋国提出要以萧同叔子（顷公母）为人质才能媾和，这又与前面妇人窥视郤克时偷笑的细节相照应。有前面的“远处埋根”，后面的“绚烂之文”就渊源有自了。鞌之战，齐侯与逢丑父即将被晋大将韩厥俘虏，逢丑父急中生智，匆忙与齐侯易位（调换君臣原本在战车上“法定”的位置），韩厥没有察觉到。逢丑父假装自己是君主命令齐侯去取水，齐侯就趁机逃走了。韩厥以为俘虏了齐侯（实为逢丑父），这为两年后（成公四年），晋侯宴享齐侯的时候，齐侯凝视韩厥等事埋下了伏笔，是“草蛇灰线，在千里之外”。

南宋吕祖谦《古文关键》“看作文法”云：“文字一篇之中，须有数行齐整处，须有数行不齐整处。或缓或急，或显或晦，缓急显晦相间，使人不知其为缓急显晦。常使经纬相通，有一脉过接乎其间然后可。盖有形者纲目，无形者血脉也。”① 所谓“经纬相通”“无形者血脉”，即是指出文章的间接性联结须毫无拼接之痕。这就意味着埋伏要神不知鬼不觉，而照应要自然而然。这样才能浑然一体，而无画蛇添足之弊。左氏深知其中奥妙。

昭公三年，晏子出使到晋国。晋国大夫叔向询问齐国的国情，晏子在回答的过程中提到“国之诸市，屦贱踊贵”。齐景公早就想改善晏子的住宿条件，于是趁晏子出使在外的这段时间为其扩建旧居。晏子的住处靠近闹市，低湿狭小，喧嚣多尘，扩建之前景公曾建议晏子将房子更换到高爽的地方去，被晏子婉拒了。并且晏子还认为自己住得靠近闹市非常便利，随时都可以买到想要的东西。景公就说，既然这样，那你知道市场上物品的贵贱么？因为当时景公

① 王水照编：《历代文话》（第一册），复旦大学出版社 2007 年版，第 236 页。

滥用刑罚，有出卖假腿的，晏子就回答“假腿贵，鞋子贱”（踊贵屦贱）。这就与他出使晋国和叔向的谈话形成了一种照应的关系，而且这种照应是以顺带的方式出现的，显得非常轻灵。于此，林纾颇有感触地论道：

> 仆译外国文字，成书百三十三种，审其文法，往往于一事之下，带叙后来终局，或补叙前文遗漏，行所无事。带叙处无臃肿之病，补叙处无牵强之迹。窃谓吾国文字但间有之，如《通鉴》中，叙事后补出本人族氏世阀，往往近强。独此篇叙晏婴谏君易宅事，于本文毫不相涉，及到篇末，忽然补出景公从谏，及晏子反宅，丝毫不见牵强者，何也？以与叔向谈心时，无端插入“屦贱踊贵”一语。“屦贱踊贵”，是晏子设言告公者，插入论事中，不明不白，此后文所必须诠释者也。若待诠释不免费词，故篇末用“初”字起，叙晏子谏公，即用为“屦贱踊贵”之补义。一起手即载入更宅一节，由更宅带出近市，由近市带出屦踊之贵贱，从容间暇，一丝不曾着力，盖请婚必有反命之时，反命而故宅已更，再写晏子辞宅许多好处，自非画蛇添足矣。平日论文，好言埋伏叫应之法，但读此篇埋伏之不觉，叫应之自然，令人增出无数法门。①

僖公二十三年，晋公子重耳遭骊姬之难被迫出逃，在叙其流亡的过程中，左氏顺带记录了几件看似不起眼的小事。重耳流亡的第

① 林纾：《左传撷华·齐使晏婴请继室于晋》篇后评，商务印书馆民国十年版。

一站是狄，并在这里娶了季隗为妻，他的随从赵衰娶了叔隗。当他要离开狄到齐国去的时候，对季隗说："待我二十五年，不来而后嫁。"季隗回答："我二十五年矣，又如是而嫁，则就木焉。请待子。"当他经过卫国时，卫文公对他不加礼遇，从五鹿经过时向乡下人要饭，乡下人给了他一块泥巴，这下让他火冒三丈，贵族公子的尊严受到了极大的伤害。到了曹国，曹共公非常好奇，他听说重耳的肋骨排比很密，拼成一块（骈胁），于是就趁重耳洗澡的时候隔着帘子去偷窥。曹国大夫僖负羁的妻子认为重耳身边的谋士非等闲之辈，一定能帮助重耳回到晋国当上国君，要丈夫趁早向重耳致意。于是僖负羁就送给重耳一盘食品和一块玉璧。到了宋国，宋襄公送给他八十匹马。到了楚国，楚成王设享礼招待他，并对他说，如果你回到晋国，如何报答我？重耳许诺，如果晋楚两国在中原交兵，晋军就后退"三舍"加以报答。这一路的逸闻琐事，初看起来似乎没有什么特别的意义，但联系后面发生的一系列事件来看，每一件小事都是左氏巧妙安排的伏笔。

僖公二十四年，晋文公即位，"狄人归季隗于晋"，赵衰在新欢赵姬的再三催促下勉强把叔隗也接了回来。前后叙述有提有应。僖公二十八年，晋楚城濮之战前夕，卫、曹两国首当其冲受到晋国的侵伐，晋国于正月就占取了卫国的五鹿。在此之前，晋包围了曹，攻入曹国后，责备他们不任用僖负羁，并说当年曹君偷看重耳洗澡，现在是罪有应得。晋文公为了报答僖负羁，下令晋军不准进入他的家里，同时赦免他的族人。实力弱小的宋国则公然叛楚亲晋，并以之为靠山，这与其曾厚待过晋文公不无关系。城濮之战，重耳一方面为了报答楚国的恩惠，另一方面为了占据道义的制高点，果然退避三舍。这些事件有的甚至是国际重大事件，无不与前面的几件轶闻小事有着内在的联系。以小事作提挈，逐步酝酿铺垫，环环相扣，顺势导引出一连串的大事件。照应周密，毫不牵强。真可谓“一树千枝，一源万派，无意随手，伏脉千里”。林纾在评《偪阳之役》时还曾指出《左传》的“步步照应”之法：

> 人果能留心读此文，便知步步照应之法，尤知文字中写生之妙。伐偪阳，封向戌，是荀偃、士匄少年喜事处。荀䓨知其不可，而向戌亦未尝面辞，一留下文二子请班师之伏脉，一留下文向戌不肯之伏脉。盖荀䓨明言，而向戌暗中已有成算，故不言也。围之弗克，荀䓨言验。而向戌幸亦未领此空头人情，暂时勒住，以待下文之热闹。秦堇父、狄虒弥、郰人纥三勇士，均鲁人从军者。偏历落写来，秦堇父为孟氏家臣，辇重如役，未之奇也……书曰：“孟氏之臣”，已留下文“为右”之伏脉。生子而事仲尼，仲尼，纥之子也，无意中，又照应到郰人矣……荀䓨大放厥词……其言曰：“女成二事，而后告余”，二事者，围偪阳、封向戌也。又将入手处一提，作一照应……（向）戌之辞，意中也。向之不言，防事之无成，空辞何益？至是以婉言出之，用两“何”字，语轻而意决，自是向戌本色。至是将向戌归结，并结清二事，四面照应都到矣。桑林之享，余波也。然犹补足荀偃、士匄之冒失，荀䓨老成之持重，尤极周密……秦堇父为殿后之笔，尤见其思力之暇豫。①

环环相扣，步步照应，尤见文心之缜密。所谓“添丝补锦，移针匀绣”，“有应有伏，一笔不漏”。梁启超曾精当地指出《左传》前后

① 林纾：《左传撷华·偪阳之役》篇后评，商务印书馆民国十年版。

照应的特点："左氏之书，其片断的叙事，虽亦不少，然对于重大问题，复溯原竟委，前后照应，能使读者相阅亦解。"①

定公四年，吴军进攻楚国的郢都，情势万分危急，楚昭王带了他的妹妹季芈慌忙逃出郢都，徒步涉过睢水，渡过长江，进入云中。有强盗用戈袭击楚王，王孙奋不顾身，在千钧一发之际，用背挡住，于是楚王逃过一劫。钟建背着季芈跟着楚王，逃到了郧地。郧公辛的弟弟怀想杀掉楚昭王，说："楚平王杀掉我的父亲，我杀死他的儿子，不也是可以的吗?"郧公辛不允许弟弟这么干，并严厉斥责他。二十二年前，也就是昭公十四年，楚令尹斗成然因对楚平王有过恩惠，所以不知道节制，和养氏勾结，贪得无厌。楚平王很担心，于是，就杀掉了斗成然，灭掉了养氏这个家族，让斗成然的儿子斗辛住在郧地（郧公辛）。现在楚昭王逃亡至此，与数十年前之事不知不觉又形成前后照应。楚王一行在斗辛、斗巢等几兄弟的带领下逃亡到随国。定公五年，申包胥用泪水感动了秦王，请来了援兵，打败了吴军。楚王重新回到郢都，赏赐立过功勋的斗辛、斗怀、斗巢、申包胥、王孙由于、钟建等。在轻描淡写之间就将功勋之臣与前文一一照应，可谓中间大关锁。

楚王打算把妹妹季芈出嫁，季芈因为钟建背过自己，而辞谢楚王。于是，楚王就把她嫁给了钟建，并让钟建做了乐尹，不知不觉又与前文形成首尾大照应。百忙之中，用闲笔、带笔埋下伏线，每一件看似不起眼的小事都布置得妥当停匀而不露痕迹，后文的照应水到渠成、周全细密。每个故事都有始有终，首尾完备。更妙的是中间一轮照应完成之余，又在此基础之上带出首尾大照应，冯李骅等云："应过又应。"小说评点家曰"首尾大照应，中间大关锁"，其是之谓乎?

① 梁启超：《中国历史研究法》，上海文艺出版社 1999 年版，第 16 页。

三、准叙事意象式联结

《左传》行文的照应有许多变化，值得一提的还有所谓的“略应”（暗应），即埋伏和照应都显得比较隐蔽，不易察觉。虽然前后照应的逻辑关系看起来比较浅淡，但在文章的联结中有着重要的意义，也很能反映出左氏文心细密甚至别出心裁的特点。

庄公八年，齐国的连称、管至父等人蓄谋已久，准备杀掉齐襄公。冬十二月，齐襄公在贝丘田猎，因恐惧而坠下了车，脚受了伤，鞋子也掉了，“伤足，丧屦”。回宫以后，齐侯责令徒人费找回鞋子。费找不到，就遭到了毒打。不久，谋反的叛贼杀了进来，情急之下，徒人费让襄公躲起来，使孟阳假扮齐侯躺在床上，叛贼一进来，就在床上杀了孟阳，但很快就发现他的样子不像是齐侯，随后一眼就看见了门下露出的“马脚”：“见公之足于户下，遂弑之”。王源于此评点道：“与伤足略映。”① 所谓“略映”，笔者的理解是前后照应的逻辑关系看似不够明显，或者说缺乏必然性的意义关联，需要经过读者的深度挖掘和仔细琢磨才能体会一二。这种笔法之所以显得隐蔽，主要是他与主题的内在关系显得不是那么紧密，容易被忽略。齐襄公作恶多端，不守信用，毫无原则，积成此祸并非偶然，“伤足”尤不能成为其被弑的内在原因。细审上下文，以“足”作为前后照应的关联性显得似有若无，但实际上起到了照应前后、推动情节的作用，同时也体现出了《左传》对细节描写的重视，甚至约略有点接近叙事意象的味道了。

因为齐襄公那只“伤足”不但起到了前后照应、贯通情节的作

---

① 王源：《左传评》，《四库全书存目丛书》，经部第139册，齐鲁书社1997年版，第186页。

用，而且多少蕴含了些许批判的意义。它带有形象性而所呈现的不仅仅是形象，它比一般形象多了一丝言外之意。齐襄公之所以“伤足”，是因游猎这等玩物丧志的活动受惊所致，受惊又是因为平时丧昧良心、滥杀无辜导致心理焦虑：在游猎过程中，看到一头野猪，随从说这是此前被他杀害的彭生（所化成的鬼），于是吓得他跌落车底，把脚弄伤了。后来叛乱分子杀进来，情急之下，他被藏到门后，偏偏又被那只“伤足”给出卖了。联系起来看，不能不说是《左传》精心策划的叙事谋略。当然，这还远远算不得真正的叙事意象。“高明的意象选择，不仅成为联结情节线索的纽带，而且能够以其丰富的内涵引导情节深入新的层面。”① 这就是说，好的意象不但具有情节上的贯通能力（即联结作用），而且还有意义上的穿透能力。作为准叙事意象的代表，莫如宣公三年的“兰”。

此年，郑穆公去世，左氏追叙其一生大略：他的母亲本是郑文公的一个贱妾，其梦见天使给了她一支兰花并把它作为她的儿子（梦兰）。后来，郑文公送给她一支兰花并让她侍寝（御兰），她怀上孩子后就说要以兰花作为他们骨肉的见证（征兰）。后来穆公出生，就取名为兰（名兰）。经过无数曲折的风波，本来没有资格的郑穆公终于即位为君。宣公三年，穆公发病，看见兰花死了，料想自己也将不久于人世，因为他是靠着兰花出生的。于是，割掉兰花（刈兰），穆公就死了。该篇自始至终以兰花点染人物、贯通情节，并且蕴含着些许象征功能，如：“以兰有国香，人服媚之如是。”兰花象征身份的尊贵并预示穆公将会即位为君，后来穆公的其他本来可以即位的兄弟死的死，逃的逃，最终王位顺利落到了他的头上；兰花的凋谢又暗示着穆王生命的终结等。林纾云：

① 杨义：《中国叙事学》，人民出版社 1997 年版，第 280 页。

> 左氏以为就事叙事，过于简略无味，却把燕姞（笔者按，郑穆公母）梦兰一事作提，复以郑穆刈兰一事作结，中间点染出‘梦兰’‘御兰’‘征兰’‘名兰’‘刈兰’无数字，使人目迷五色。似此篇为纪梦之文，学之稍事渲染，便成小说。南北史于此类笔墨极夥，皆为左氏所欺，故趋入琐碎一路。读者当从子华、子臧、子士、子瑕、子俞着眼，此五子皆不幸，正为穆公之幸，此是史之正意。然五子何以不得立而待穆公，则此中又有天意，则梦兰之事又未必无因。于是一篇好文字，遂借‘兰’字发挥。至于‘刈兰’一事，穆公亦自命得国之有天意。刈兰者，自信其应梦，亦用以欺人。左氏不管他好歹，取为文字之起结，以醉观者之目，文心之狡狯极矣。”①

可见，“兰”在全文中并不是静止、封闭的，它处在文章（叙事）线索的结合点上，不断展示自己的各个侧面，从而成为叙事过程中反复受到关注的一个焦点，发挥着情节纽带的作用。这与后世叙事文学如《桃花扇》以“桃花扇”、《蒋兴哥重会珍珠衫》以“珍珠衫”等作为悲欢离合的见证，差有异曲同工之妙。

---

① 林纾：《左传撷华·郑穆公刈兰》篇后评，商务印书馆民国十年版。

第五章　二元对立与《左传》的情境对比

第一节　《左传》的文章观及其启示

《左传》当中没有纯粹而自觉的文章学理论，但其中有不少文字直接或间接地涉及了文章学的相关问题，虽然比较零散、不成体系，却也是我国古代文章学理论的萌芽。这些观念不但具有普遍性的理论价值，并且对我们解读《左传》也有极大的启示意义。

昭公二十八年，晋魏献子执政，他让自己的儿子魏戊做大夫，而担心别人说他有所偏袒，于是就问大夫成鱄，成鱄回答说大家不会有所疑虑的，因为魏戊有九种高尚的品质足以服众，其中有一种就是“文”——“经纬天地曰文”。这可以说是《左传》中关于“文”的最直接的“定义”。当然这个“文”与我们今天说的文章没有直接的关联，不过它反所映出的观念却又与我们今天所讲的“文章”息息相关。在字源学意义上，“文”的本义，指各色交错的纹理、纹路。《说文解字》云：“错画也，象交文。”① 《易·系辞》云：“物相杂，故曰文。”② 杜预注此云：“经纬相错，故织成文。”③ 从这些表述中我们可以发现，“文”是由纵横（经纬）两种矢向不

① 许慎：《说文解字》，中华书局1985年版，第297页。

② 李道平：《周易集解纂疏》，中华书局1994年版，第676页。

③ 杨伯峻：《春秋左传注》，中华书局2009年版，第1495页。

同的轨迹共同构成的。也就是说，文是一个由二元性（多元也是以二元为基础的）信息交织而成的图景。这就进一步启示我们，在对“文”的理解和把握上：文章的构成不也是这种二元（双构）思维活动的表现吗？

《楚辞·橘颂》云：“青黄杂糅，文章烂兮。”中国人对文章的理解，是从自然物采的纹理、花纹交错而衍变过来的。把“人文”视为对“天文”的反映，把纸上的文章视为对天地文章的参悟，所以说“经纬天地曰文”。并且《左传》早已将此种观念体现在对礼、乐（舞）的评论中了。昭公二十五年，郑国的子大叔（游吉）到晋国聘问，晋国的大夫赵简子向他问礼，他转述郑国先贤子产的话来回答，并论及乐舞：

> 简子曰：“敢问，何谓礼？”对曰：“吉也闻诸先大夫子产曰：‘夫礼，天之经也，地之义也，民之行也。天地之经，而民实则之。则天之明，因地之性，生其六气，用其五行。气为五味，发为五色，章为五声。淫则昏乱，民失其性。是故为礼以奉之：为六畜、五牲、三牺，以奉五味；为九文、六采、五章，以奉五色；为九歌、八风、七音、六律，以奉五声。为君臣上下，以则地义；为夫妇外内，以经二物；为父子、兄弟、姑姊甥舅、婚媾姻亚，以象天明，为政事、庸力、行务，以从四时；为刑罚威狱，使民畏忌，以类其震曜杀戮；为温慈惠和，以效天之生殖长育。民有好恶、喜怒、哀乐，生于六气，是故审则宜类，以制六志。哀有哭泣，乐有歌舞，喜有施舍，怒有战斗；喜生于好，怒生于恶。是故审行信令，祸福赏罚，以制死生。生，好物也；死，恶物也。好物，乐也；恶物，

> 哀也。哀乐不失，乃能协于天地之性，是以长久。”简子曰：“甚哉，礼之大也！”对曰：“礼，上下之纪、天地之经纬也，民之所以生也，是以先王尚之。故人之能自曲直以赴礼者，谓之成人。大，不亦宜乎！”

子大叔在回答赵简子的时候，反复将“礼乐”归本于天地。他认为五味、五色、五声和人的六情，都秉自天之六气、地之五行，因而社会人事理应效法天地，顺应自然。并且强调乐舞与万物皆应遵循礼，受礼节制，不能过度。这当然还算不得《左传》的文章观，但可以看作美学观或次文章观。这种观念在《左传》中屡次出现，昭公二十六年，晏子向齐侯论礼：

> （晏子）对曰：“礼之可以为国也久矣，与天地并。君令臣共，父慈子孝，兄爱弟敬，夫和妻柔，姑慈妇听，礼也。君令而不违，臣共而不贰；父慈而教，子孝而箴；兄爱而友，弟敬而顺；夫和而义，妻柔而正；姑慈而从，妇听而婉：礼之善物也。”公曰：“善哉，寡人今而后闻此礼之上也！”对曰：“先王所禀于天地以为其民也，是以先王上之。”

思想史家葛兆光说：“很早以来，中国人就已经开始了这样的看法，宇宙是互相关联的一个整体，‘天’‘地’与‘人’之间有一种深刻而神秘的互动关系，天文学意义上的‘天’与地理学意义上的‘地’、生理学意义上的‘人’、政治学意义上的‘国’可以互相影响，而且‘天’‘地’‘人’在精神上也贯通，在现象上互相彰显，在事实上互相感应。”① 礼（乐）是人文的代表，将礼（乐）视为天地之文的感应（表现）。这种思维观念也为后来的文论家所秉持，刘勰云：“文之为德也大矣，与天地并生者何哉？夫玄黄色杂，方圆体分，日月叠璧，以垂丽天之象；山川焕绮，以铺理地之形。此盖道之文也。”② 明彭时序《文章辨体》云：“天地以精英之气赋于人，而人钟是器也，养之全，充之盛，至于彪炳闳肆而不可遏，往往因感而发，以宣造化之机，述人情物理之宜，达礼乐刑政之具，而文章兴焉。”③ 清刘熙载也说：“立天之道曰阴与阳，立地之道曰柔与刚。文，经纬天地者也，其道惟阴阳刚柔可以该之。”④ 文章与天地之道相通，天地之道如此，文章之道又岂能外乎是？

成公十四年，左氏借“君子曰”的口吻称美《春秋》云：“《春秋》之称，微而显，志而晦，婉而成章，尽而不汙，惩恶而劝善，非圣人，谁能修之？”这是左氏最具代表性的评论文章（史书）的语言，与之类似的表达还见于昭公三十一年：“《春秋》之称微而显，婉而辨。上之人能使昭明，善人劝焉，淫人惧焉，是以君子贵之。”不难发现，“微”与“显”、“志”与“晦”、“尽”与“不汙”、“婉”与“辨”、“恶”与“善”这几组词都是相反对立的，显然，在左丘明看来，它们在《春秋》中又是和谐统一的。钱锺书曾指出：“‘微’‘晦’‘不汙’，意义邻近，犹‘显’‘志’‘成章’‘尽’也。‘微’之与‘显’，‘志’之与‘晦’，‘婉’之与‘成

① 葛兆光：《中国思想史》，复旦大学出版社1998年版，第154页。

② 刘勰著，范文澜注：《文心雕龙注》，人民文学出版社1958年版，第1页。

③ 王水照编：《历代文话》（第二册），复旦大学出版社2007年版，第1585页。

④ 刘熙载：《艺概》，上海古籍出版社1978年版，第182页。

章'，均相反相成，不同而能和。"① 在左氏眼中，《春秋》似乎是不可企及的文章（史书）典范，而这种典范恰恰是建立在二元对立共构的美学原则之上的。对立者可以共构，相反者可以相成，互殊者可以相通，文章的意义或者说文章的魅力正体现在对立共构的两极所制造出的张力场中，这个张力场就是所谓的"致中和"。至此，可以说《左传》最欣赏的文章典范就是在两极共构而致中和的美学原则下所形成的篇章。

昭公二十年，齐景公与晏婴谈话。景公很欣赏佞臣梁丘据，说："唯据与我和夫！"晏子说，他是"同"，不是"和"，和与同是有区别的：

> 和如羹焉，水、火、醯、醢、盐、梅，以烹鱼肉，燀之以薪，宰夫和之，齐之以味，济其不及，以泄其过。君子食之，以平其心。君臣亦然。君所谓可而有否焉，臣献其否以成其可；君所谓否而有可焉，臣献其可以去其否，是以政平而不干，民无争心。故《诗》曰："亦有和羹，既戒既平。鬷嘏无言，时靡有争。"先王之济五味、和五声也，以平其心，成其政也。声亦如味，一气，二体，三类，四物，五声，六律，七音，八风，九歌，以相成也；清浊、小大，短长、疾徐，哀乐、刚柔，迟速、高下，出入、周疏，以相济也。君子听之，以平其心。心平，德和。故《诗》曰："德音不瑕。"今据不然。君所谓可，据亦曰可；君所谓否，据亦曰否。若以水济水，谁能食之？若琴瑟之专一，谁能听之？同之不可也如是。

---

① 钱锺书：《管锥编》，生活·读书·新知三联书店2007年版，第269页。

“和”好比调味，用水、火、酱、醋、盐、梅等烹煮鱼肉，要取长补短，互相中和之后，味道才好吃。君臣之间补救过失，也是如此。声音的和谐动听也和烹调美味一样，莫不如此。而梁丘据的行为如同用清水调剂清水，如同琴瑟重复单调的音节，谁会觉得美呢？这就是和与同的区别。晏子论和与同，从哲学上看，体现了朴素辩证的思想。“和”是多种不同因素所形成的一个有机和谐的整体，“同”是简单的依葫芦画瓢，亦步亦趋、随声附和。“从美学上看，以‘和’为美，就是要和谐，适中，各种相异之物互补不足，泄其过度，达致完美的统一……他不仅肯定不同事物相辅相成，还肯定相反相济。”① 晏子所提到的关于声音的“清浊”“小大”“短长”“疾徐”“哀乐”“刚柔”“迟速”“高下”“出入”“周疏”等概念，无不凸显了二元（两极）对立共构、相反相成的道理。脍炙人口的美味和动人心弦的音乐是中和之美的代表，好的文章又岂能例外？

襄公二十九年，吴公子季札到鲁国来聘问，并观赏周乐。周代诗、乐、舞三位一体，观乐也即是观诗、品诗：

> 使工为之歌《周南》《召南》，曰：“美哉！始基之矣，犹未也，然勤而不怨矣。”为之歌《邶》《墉》《卫》，曰：“美哉渊乎！忧而不困者也。吾闻卫康叔、武公之德如是，是其卫风乎！”为之歌《王》，曰：“美哉！思而不惧，其周之东乎！”……为之歌《豳》，曰：“美哉，荡乎！乐而不淫，其周公之东乎！”……为之歌《魏》，曰：“美

---

① 谭家健：《〈左传〉的美学思想》，《文学遗产》，2010 年第 3 期。

> 哉，沨沨乎！大而婉，险而易行，以德辅此，则明主也。”……为之歌《小雅》，曰：“美哉！思而不贰，怨而不言，其周德之衰乎？犹有先王之遗民焉。”为之歌《大雅》，曰：“广哉，熙熙乎！曲而有直体，其文王之德乎！”为之歌《颂》，曰：“至矣哉！直而不倨，曲而不屈，迩而不逼，远而不携，迁而不淫，复而不厌，哀而不愁，乐而不荒，用而不匮，广而不宣，施而不费，取而不贪，处而不底，行而不流。五声和，八风平。节有度，守有序，盛德之所同也。”……见舞《韶濩》者，曰：“圣人之弘也，而犹有惭德，圣人之难也。”见舞《大夏》者，曰：“美哉！勤而不德，非禹，其谁能修之？”见舞《韶箾》者，曰：“德至矣哉，大矣！如天之无不帱也，如地之无不载也。虽甚盛德，其蔑以加于此矣，观止矣。若有他乐，吾不敢请已。”

季札论《诗》所用到“勤而不怨”“忧而不困”“思而不惧”“乐而不淫……直而不倨”“曲而不屈”“迩而不逼”“远而不携”“迁而不淫”“复而不厌”“哀而不愁”“乐而不荒”“用而不匮”“广而不宣”“施而不费”“取而不贪”“处而不底”“行而不流”等评价与左氏借君子的口吻论《春秋》如出一辙，其核心观点即是表明对象具有在二元对立之中获得平衡、和谐的品性，处处体现中和之美。

昭公元年，秦国有位名医给晋平公治病，凑巧的是，他的名字正好就叫“医和”。晋平公平素酷爱“新声”（音乐），好近女色。医和认为这正是其病根所在，于是来了一番淋漓尽致的“话疗”，大谈节乐，认为音乐生于天地之六气，应与万物之情一样，适度而不能过分，“淫生六疾”，“过则为灾”，音乐的功用就在节制人心，并且音乐本身也有节，守节的音乐才是优美动听的。总之，这些论述都反映出中和之美的观念，而中和即是二元（两极）对立中的平衡之美。

关于二元共构（两极对立）的思维原则，《左传》之前的先秦经典也不乏精彩的论述。《易》被奉为儒家第一经，也是《左传》津津乐道、广泛征引的经典，左氏精熟于《易》自不待言。《易》充满着双构性思维的智慧。六十四卦总是把相反相成的两个卦并列，比如乾卦和坤卦，泰卦和否卦，既济卦和未济卦，都是以两两之间相反的卦象和卦理而在共构中形成张力的。所以《序卦》中满是辩证的哲学：“泰者，通也；物不可以终通，故受之以否”①；“剥者，剥也；物不可以终尽剥，穷上反下，故受之以复”②；“有过者必济，故受之以既济”③；“物不可以穷也，故受之以未济，终焉”④。道家第一经《老子》也不乏二元对立、相反相成、物极必反的论述：“有无相生，难易相成，长短相较，高下相倾，音声相和，前后相随”⑤（第二章），“曲则全，枉则直，洼则盈，蔽则新，少则得，多则惑”⑥（第二十二章）。这些高深的思想对先秦时代和《左传》都产生了深远而广泛的影响。《左传》所记载的春秋时代的行人辞令、问难切磋、规劝进谏等常常充满着正反互济、欲擒故纵的智慧。

清代王源在《左传评》中说：“在天之道，生而已，生则不穷，

---

① 李道平：《周易集解纂疏》，中华书局 1994 年版，第 163 页。
② 李道平：《周易集解纂疏》，中华书局 1994 年版，第 253 页。
③ 李道平：《周易集解纂疏》，中华书局 1994 年版，第 527 页。
④ 李道平：《周易集解纂疏》，中华书局 1994 年版，第 534 页。
⑤ 杨树达：《老子古义》，上海古籍出版社 1992 年版，第 4－5 页。
⑥ 杨树达：《老子古义》，上海古籍出版社 1992 年版，第 24－25 页。

穷则变，变则生。生不已而愈无穷。持此道以读《左氏》，其庶乎。”① 又说：“鉴戒昭然而文何不测也？《传》曰：‘一阴一阳谓之道。’又曰：‘阴阳不测之谓神。’盖五行八卦，日月、寒暑、水火、霜露，莫非二气相为倚伏，而宇宙万化莫能外焉，此文之本也。”② 王氏表明他的这种观点根源于《易》，事实上，《左传》早已将这种理论运用得炉火纯青。这种二元性信息不但体现在传统哲学中，而且很早就已积淀成我们民族的集体无意识。“中国文化从不孤立地思考宇宙人间的基本问题，总是以各种方式贯通宇宙和人间，对之进行整体性的把握。通行的思维方式不是单相的，而是双构的。”③ 正是因为《左传》有这样一种思维背景和理论见识，所以在下笔行文时，就潜移默化地显现于其文章的组织结构和字句的搭配之中了。

《左传》二元对立共构（而致中和）的观念，表现在行文之中，是擅长用“两两相对”的写法：详略、宾主、奇正、擒纵、开合、离合、繁简、抑扬、断续、宽紧、顺逆……将这些写法运用在文章的布局、文势的营造上，便使得文章结构整饬（或散中有整），文势磅礴，并且使文章显得参差变化而又风姿绰约。清刘熙载《艺概·文概》云：“左氏叙事，纷者整之，孤者辅之，板者活之，直者婉之，俗者雅之，枯者腴之。剪裁运化之方，斯为大备。”④ 在字句的组配上也常常是长短、奇偶、整散等相结合，显得抑扬顿挫、铿锵悦耳。清章学诚极为赞赏《左传》文章的和谐美、音乐美。谓

---

①　王源：《左传评》，《四库全书存目丛书》经部第139册，齐鲁书社1997年版，第165页。

②　王源：《左传评》，《四库全书存目丛书》经部第139册，齐鲁书社1997年版，第183页。

③　杨义：《中国叙事学》，人民出版社1997年版，第46页。

④　刘熙载：《艺概》，上海古籍出版1978年版，第1页。

《左传》“文逐声而遂谐，语应节而遽协”①。前贤议论《左传》文章，如清冯李骅、陆浩所谓“两两对写”②，方苞所谓“两两相映”③，林纾所谓“偶字法”④，实际上都是部分地道出了《左传》二元共构的行文手法。

我们前面引用的左氏借君子的口吻评价《春秋》“微而显，志而晦，婉而成章，尽而不污，惩恶而劝善”，后被晋杜预演绎为“五例”说来解释《左传》。钱锺书先生指出：“窃谓五者乃古人作史时心向神往之楷模，殚精竭力，以求或合者也。虽以之品目《春秋》，而《春秋》实不足语于此。”⑤ 在今人看来，“断烂朝报”式的《春秋》确实够不上左丘明对它的如许赞美，然而它已将左氏对文章（史书）写作的理想和盘托出了，这无疑是他自觉的文章观念。因此，用这“五例”来概括《左传》，则庶几当之。

总之，二元共构（而致中和）的思维方式反映了《左传》较为突出的文章（也可以说是美学）观念，并且在《左传》自身的行文中得到了充分的展示。因此，我们在用各种理论、观点、眼光来考察《左传》文章的时候，不应漠视或者忽略《左传》自身的文章观念，相反这些隐而不彰的观念更应该引起我们的高度重视。

宽泛一点讲，二元性思维是中国文学无论是抒情的诗还是叙事的文最为普遍的一种思维模式之一。

诚如美国学者蒲安迪所说：“中国传统阴阳互补的‘二元’思

---

① 章学诚撰，叶瑛校注：《文史通义校注》，中华书局1985年版，第79页。

② 冯李骅、陆浩：《左绣》，《四库全书存目丛书》，经部第141册，齐鲁书社1997年版，第139页。

③ 望溪先生口授，王兆符、程崟传述：《左传义法举要·邲之战》，雍正六年（1728）刊本。

④ 林纾：《左传撷华·鄢陵之战》篇后评，商务印书馆民国十年版。

⑤ 钱锺书：《管锥编》，生活·读书·新知三联书店2007年版，第267页。

维方式的原型，渗透到文学创作的原理中，很早就形成了源远流长的‘对偶美学’。中国文学最明显的特色之一，是迟早总不免表现出对偶结构的趋势；它不仅是阅读和诠释古典诗文的关键，更是作者架构作品的中心原则”，“从比较文学的观点来看，这一特色自然绝非中国文艺所独有，在西方文学中，对偶的概念和古典修辞学尤其相关。希腊和拉丁古典作品中，不乏或多或少运用对偶的例子，但都不如中国文学那样频繁和严谨”。① 刘勰《文心雕龙·丽辞》起首就云：“造化赋形，支体必双。”② 中国传统的文论强调“对偶”之于文学的重要意义不待辞费。而九世纪日僧空海的论著《文镜秘府论》更一语断定，甚至宣称凡未持续运用对偶的篇章皆不足以称之为“文”。③ 法国现当代叙事学家罗兰巴特、托多洛夫、格雷玛斯、布雷蒙、热奈特等受结构主义的影响提出二元对立的叙事理论，认为无处不在的二元对立是人类认知、交流的基础，也是语言的基础，所以在处理文化现象时，重要的是从多元关系中找出基本的二元对立，作为文化价值的架构或意义的来源。④ 可见，“对偶”（二元对立共构）原则“国际化”的程度是何等的普遍，“绝非中国文化所独有，但中国古人用得更深广，仍是不争的事实，甚至希伯来的圣诗也许都略逊一筹”⑤。总之，中国文学的“对偶”特点

① 蒲安迪：《中国叙事学》，北京大学出版社 1996 年版，第 48、49 页。

② 刘勰著，范文澜注：《文心雕龙注》，人民文学出版社 1958 年版，第 588 页。

③ 如《论文意》：“凡文章不得不对，上句若安重字、双声、叠韵，下句亦然”。《论对属》：“凡为文章，皆须对属，诚以事不孤立，必有配匹而成”，“在于文章，皆须对属，其不对者，止得一处二处有之。若以不对为常，则非复文章”，等等。依次见于遍照金刚著，周维德点校：《文镜秘府论》，人民文学出版社 1975 年版，第 140、225、228 页。

④ 参罗钢：《叙事学导论》，云南人民出版社 1994 年版，第 48 页。

⑤ 蒲安迪：《中国叙事学》，北京大学出版社 1996 年版，第 50 页。

不但成熟得早而且根深蒂固。而最早在文章结构、情境对比中将这种思维原则演绎得淋漓尽致的则非《左传》莫属。那么《左传》是怎样体现“对偶美学”的呢?

二元共构的思维方式（对偶美学）在《左传》的文章中得到了广泛而精妙的体现。下面我们就通过剖析《左传》的文本，来近距离考察其庐山真面目。

第二节 《左传》情境对比中的二元对立法则

如果文章结构已经确定，它面临的问题就是以对比或比例的原则，加强自身的节奏感、韵律感，给文章增加富于变化的生命活力。林纾云：“天下文章能变化陆离不可方物者，只有三家：一左、一马、一韩而已。左氏之文，无所不能，时时变其行阵，使望阵者莫审其阵图之所出。”① 今考察《左传》，得其较有代表性的情境变化手法八种：宾主、开合、奇正、擒纵、映衬、离合、详略、整散。其中一些手法我们在上文已有所涉及，下面我们再分别进行讨论。

一、宾主

王源云：“宾可多，主无二，文之道也。”② 王氏所说的“主”可以是文章所写的主要人物、事件，也可以是抽象的“主意”“中心”。其又云：“甚矣！序事之难也，一事中序有数事，一人中序有

① 林纾：《左传撷华·序》，商务印书馆民国十年版。

② 王源：《左传评》，《四库全书存目丛书》，经部第139册，齐鲁书社1997年版，第194页。

数人，人则有主有宾，事亦有宾有主。千头万绪，井然不乱而宾主错杂，变化生心，随局而迁，不可为典要，此岂可为今人道者乎?"① 文章的中心只有一个，而烘托中心的"宾"则可以多元化、多样化。宾主关系的处理往往能体现出作者的匠心和文章技巧的高低。冯李骅云："宾主是行文第一活着，然不过借宾形主而已。"②《左传》当中，借宾形主又有许多变化：

> 《左》则有添宾并主之法，如"反自箕"竟将胥臣与先轸、郤缺双结；"遂霸西戎"竟将子桑与秦穆公孟明双结。所谓水镜造元，直不辨谁为宾主者。又有略主详宾之法，如要写太子不得立，却将毕万必复其始极力铺张；要见晋文怜新弃旧，却通身详写季隗，而叔隗只须起首一句，对面一照，无不了了。又有宾主互用之法，如"克段"是主，却重在姜氏；杀州吁是主，却重在石厚。于事为主，于文则为宾，于事为宾，于文则为主。盖事是题面，文是作意。③

宾与主，并非总是泾渭分明，有时也难分伯仲，这就需要读者认真领会辨别了。事实上，主被宾掩藏得愈深，文章则愈值得寻味。所谓"添宾并主""略主详宾"，是在行文中增加"宾"的相对数量、比例，提高"宾"的"占有率"、"出镜率"。经过这样的处理，从

① 王源：《左传评》，《四库全书存目丛书》，经部第139册，齐鲁书社1997年版，第194页。

② 冯李骅、陆浩：《左绣》，《四库全书存目丛书》，经部第141册，齐鲁书社1997年版，第140页。

③ 冯李骅、陆浩：《左绣》，《四库全书存目丛书》，经部第141册，齐鲁书社1997年版，第140页。

文章的外在形式来看，“主”被“宾”不同程度地遮蔽、隐藏。“盖主伏于数十层之下，而宾见于数十层之中，乃此数十层者，绵绵翼翼，不测不克，觉我之神毕露于此。而立意所在，却掩于数十层光焰之下而不见，则孰宾孰主，岂夫人能辨之乎？”① 如此一来，文章显得更加含蓄蕴藉。如庄公二十二年：

> 春，陈人杀其大子御寇。陈公子完与颛孙奔齐。颛孙自齐来奔。
>
> 齐侯使敬仲为卿。辞曰：“羁旅之臣幸若获宥，及于宽政，赦其不闲于教训，而免于罪戾，弛于负担，君之惠也。所获多矣，敢辱高位以速官谤？请以死告。诗云：‘翘翘车乘，招我以弓。岂不欲往？畏我友朋。’”使为工正。
>
> 饮桓公酒，乐。公曰：“以火继之。”辞曰：“臣卜其昼，未卜其夜，不敢。”君子曰：“酒以成礼，不继以淫，义也；以君成礼，弗纳于淫，仁也。”
>
> 初，懿氏卜妻敬仲。其妻占之，曰：“吉。是谓‘凤皇于飞，和鸣锵锵。有妫之后，将育于姜。五世其昌，并于正卿。八世之后，莫之与京。’”
>
> 陈厉公，蔡出也，故蔡人杀五父而立之。生敬仲。其少也，周史有以《周易》见陈侯者，陈侯使筮之，遇观之否，曰：“是谓‘观国之光，利用宾于王。’此其代陈有国乎？不在此，其在异国；非此其身，在其子孙。光，远而

---

① 王源：《左传评》，《四库全书存目丛书》，经部第139册，齐鲁书社1997年版，第190页。

自他有耀者也。坤，土也；巽，风也；乾，天也。风为天；于土上，山也。有山之材，而照之以天光，于是乎居土上，故曰‘观国之光，利用宾于王’。庭实旅百，奉之以玉帛，天地之美具焉，故曰‘利用宾于王’。犹有观焉，故曰其在后乎！风行而着于土，故曰其在异国乎！若在异国，必姜姓也。姜，大岳之后也。山岳则配天。物莫能两大。陈衰，此其昌乎！”

及陈之初亡也，陈桓子始大于齐；其后亡也，成子得政。

这篇文章为写八世之后田氏代齐而作。但主要笔墨是在叙述公子完（田敬仲）惧祸奔齐，辞酒、辞卿及有关占卜等，最后只一句话非常简省地叙及田敬仲的后代：桓子和成子，可谓是详宾略主。“人但知叙敬仲，敬仲主也尔。不知叙敬仲，敬仲宾也。何以叙敬仲，敬仲反为宾也？敬仲，陈氏之祖也，而陈氏代齐有国者也。敬仲奔齐，原无可纪，若不因其子孙代齐，则敬仲奔齐一言毕耳，安得有如许文字？然则如许文字，乃田氏篡齐张本。为敬仲子孙作不为敬仲作，明矣。既为其子孙作，则敬仲宾、敬仲之子孙主，亦明矣。”① 文章之“宾”，终究是掩人耳目，起到转移、分散读者注意力的效果。“主”才是文章真正的作意所在。“然读者茫然于宾主之际者，以奔齐之下，叙其授卿、辞卿，辞卿之下叙其饮酒，饮酒之下叙其仁义，使读者眼光眈眈然，不得不注于敬仲矣。眼光既注于敬仲，则占辞虽有‘五世’‘八世’‘在其子孙’等语，以为不过

① 王源：《左传评》，《四库全书存目丛书》，经部第139册，齐鲁书社1997年版，第190－191页。

叙敬仲已耳。而两段占辞，前段犹简，后则层翻叠转，浪涌霞铺，眩惑迷离，崩腾缭乱。则以敬仲之为主也，又何疑乎?”① 此时，读者满脑子都是敬仲，已容不下他人。然而将敬仲叙述得如此详尽却并非左氏的主要目的，于是“方将桓子、成子叙出。且轻轻带下，未尝另起峰峦，又只略略四言，绝不铺张一字，所谓掩于数十层光焰之下而不见也。主既掩而不见，则读者终以如许文字为叙敬仲，绝不知主之存乎此。而敬仲之为宾，岂待问哉?”② 既然敬重为“宾”，又为何不惜浓墨重彩对其加以叙述?“则知其序辞卿也，暗射其子孙而已矣；序仁义也，反映其子孙而已矣；序懿氏之占敬仲，周氏之筮敬仲也，明证其子孙而已矣。”③

可见，笔笔写“宾”，其实笔笔都着力于“主”。表面上是以宾为主、以主为宾甚至是喧宾夺主，实质上写“宾”都是为了衬“主”，“宾”只不过是为“主”作嫁衣裳罢了。将主掩于千言万语以下，使读者茫茫然，起到了“陌生化”的美学效应。

读者茫然不辨宾主，而宾主详略正变到底何在?“主详而宾略，正也。略主而详宾，变也。然略主而读者终觉其详于主，详宾而读者终觉其略于宾，何也?曰正笔略主而详宾，傍笔又略宾而详主也。正笔既略主而详宾，读者固茫乎孰宾而孰主。乃傍笔又略宾而详主，读者不愈茫乎?孰主而孰宾哉?”④ 本文以敬仲之子孙为主，

---

① 王源：《左传评》，《四库全书存目丛书》，经部第 139 册，齐鲁书社 1997 年版，第 191 页。

② 王源：《左传评》，《四库全书存目丛书》，经部第 139 册，齐鲁书社 1997 年版，第 191 页。

③ 王源：《左传评》，《四库全书存目丛书》，经部第 139 册，齐鲁书社 1997 年版，第 191 页。

④ 王源：《左传评》，《四库全书存目丛书》，经部第 139 册，齐鲁书社 1997 年版，第 223 - 224 页。

则敬仲自然是宾。而叙敬仲子孙不过寥寥四言，简略至极。这是所谓正笔略主，即文字正面对其着墨甚少。叙敬重既叙其奔齐，又叙其受卿、辞卿、辞酒，并补叙其纳婚时的占卜，曲曲道来，极详极尽。这是所谓正笔详宾，故极铺写之能事。

合而观之，是正笔略主而详宾。又追叙敬仲纳婚的占卜，特别是成周太史给陈厉公的占卜等，神神叨叨，不过是预言敬仲的后代要在其他地方代替陈而享有国家。似全无关于正传却详之又详，笔笔都暗示敬仲的子孙必将兴旺昌盛，文且倍于敬仲。此并非从正面着笔，即傍笔略宾而详主也。正笔略主而详宾，傍笔略宾而详主，真使读者茫然不辨宾主而坠入五里云雾？非也，是文字加倍法，更加清晰地预示着敬仲的子孙将在齐国大有作为。

田氏代齐是春秋入战国极为重要的转折之一。田敬仲奔齐不但是改变齐国命运，也是影响春秋历史走势的重大前奏性事件。从编年的时间而言，敬仲自是此段历史的主角，所以正笔叙他。而纵观春秋，敬仲的后代无疑更具有历史影响，所以叙敬仲的同时不得不用傍笔叙其子孙。明乎此，涣然冰释，不再茫然。

上面所述主要是从正面用宾形主。“用宾之法，非与主相类即与主相相反，相类者以正映，相反者以反映，反正虽不同，未有不与主相映者。”① 若从反面用宾衬主，宾主之间的对比越明显，则文章的主意更加醒豁，《左传》也往往以此出奇制胜。文公十六年：

> 楚大饥，戎伐其西南，至于阜山，师于大林。又伐其东南，至于阳丘，以侵訾枝。庸人帅群蛮以叛楚，麇人率

① 王源：《左传评》，《四库全书存目丛书》，经部第139册，齐鲁书社1997年版，第227页。

> 百濮聚于选，将伐楚。于是申、息之北门不启。楚人谋徙于阪高。蔿贾曰："不可。我能往，寇亦能往，不如伐庸。夫麇与百濮，谓我饥不能师，故伐我也。若我出师，必惧而归。百濮离居，将各走其邑，谁暇谋人？"乃出师。旬有五日，百濮乃罢。
>
> 自庐以往，振廪同食。次于句澨。使庐戢梨侵庸，及庸方城。庸人逐之，囚子扬窗。三宿而逸，曰："庸师众，群蛮聚焉，不如复大师，且起王卒，合而后进。"师叔曰："不可。姑又与之遇以骄之。彼骄我怒，而后可克，先君蚡冒所以服陉隰也。"又与之遇，七遇皆北，唯裨、儵、鱼人实逐之。庸人曰："楚不足与战矣。"遂不设备。楚子乘驲，会师于临品，分为二队，子越自石溪，子贝自仞以伐庸。秦人、巴人从楚师。群蛮从楚子盟，遂灭庸。

这篇文章叙述楚国灭庸的经过，旨在突出蔿贾、师叔二人为国消除外患的谋略。"楚既大饥，又多外患。苟非蔿贾定策，师叔运奇，楚不国矣。"① 但写其谋略分别只就"不可"稍作解析，大段文字都在描写楚国面临的困境。如林纾指出："此章迎头大书'楚大饥'三字，见得其下断无更能出兵灭人之理。复继之以戎患，西南、东南，阳邱、訾枝，几于无处不被兵祸。而庸人、麇人、群蛮、百濮，其来也如蝗之蔽天。申、息闭关，全国谋徙。"② 楚国内外都面临着巨大的困难，内忧外患，灾难连绵，其实无不在反衬出二人运筹帷幄之内、决胜千里之外的智谋。

---

① 王源：《左传评》，《四库全书存目丛书》，经部第139册，齐鲁书社1997年版，第232页。

② 林纾：《左传撷华·楚人灭庸》篇后评，商务印书馆民国十年版。

王源云：“然其势不危，则二人之谋不见，庸势不盛，则楚势之危不彰。而连兵之国不多，则庸势之盛不显。故写戎蛮麇濮，写庸人也，而极写庸人极写芳贾、师叔也。盖欲序盛先写起衰，序其衰先写起盛，乃不易之法。”① 写宾（敌）之盛、势之危，无不是为了突出主之谋略。借宾形主，于此可见一斑。

桓公十六年，《楚子侵随》篇，“以方张之楚加之伯比之谋，视取随如反手耳。乃竟不敢加兵于随，以季梁在也。故此传全为季梁而作，写伯比之谋甚奇，谋虽奇，不得逞，以季梁也。写少师、随侯之见甚愚，见虽愚，能不为楚诳，以季梁也。然则写伯比，写梁而已。写少师、写随侯，写梁而已。”② 可谓目注于彼而手写于此，以宾形主而信手拈来。

“宾主互用”则直将“宾”与“主”等而视之，难分伯仲，“不辨谁为宾主”。“于事为主，于文则为宾，于事为宾，于文则为主。”哀公十六年，楚白公胜之乱，王源论曰：

> 胜乱楚，定其乱者，叶公，以叶公为主。然使无胜则叶公无由见，是胜仍为三尔。然胜虽主，而初料其必乱，中策其无成，终制其死命者，叶公也。是楚乱于胜，而叶公复之。胜之乱成于子西，而叶公定之。则叶公非前后之关键，而极写白公所以极写叶公乎？故初提叶公者二，中、后提叶公者再，末提沈诸梁（笔者按，即叶公）者

① 王源：《左传评》，《四库全书存目丛书》，经部第139册，齐鲁书社1997年版，第232页。

② 王源：《左传评》，《四库全书存目丛书》，经部第139册，齐鲁书社1997年版，第181页。

一。每提俱有精彩，灼灼动人，良有以也。①

白公胜在前半部为主、后半部为宾；叶公则反之。前半部写叶公以映白公，后半部写白公则映叶公。“史传文字，全要彼此互见，法则取其相间，义则取其相形，参错互交，而至文生焉。”② 宾主互用之例，于此有征。

《左传》用宾之法不止于上面所述，如王源所云：“然亦有非反非正、不伦不类与主全不相涉，不相映，但于其中与主牵带一二笔，以为联络而遂有连山断岭之妙者，此奇中之奇，法外之法，用宾之又一道也。”③ 如文公二年，《跻僖公于太庙》。跻僖公即是将僖公的享祀之位升于闵公之上，闵公不但是僖公的兄辈，而且先于僖公继统，依当时礼制，跻僖公这种行为实属“非礼”。而主导这一事件的是当时的宗伯（掌礼之官）夏父弗忌，则夏父弗忌为此篇之主当无疑。然而文章的结尾引孔子之言作结，却又与其毫不相干，只是一味猛烈地批评臧文仲“其不仁者三，不知者三：……六事中，除‘纵逆祀’正传外，唯‘祀爰居’略映，他若‘下展禽、废六关、妾织蒲、作虚器’全不相涉，以不相关涉之事与正传不分宾主，平平作结，又结到别人身上，非奇中之奇，法外之法，用宾之又一道乎？”④ 臧文仲虽不是鲁国此时的掌礼之官，但历仕庄、

① 王源：《左传评》，《四库全书存目丛书》，经部第139册，齐鲁书社1997年版，第371页。

② 王源：《左传评》，《四库全书存目丛书》，经部第139册，齐鲁书社1997年版，第224页。

③ 王源：《左传评》，《四库全书存目丛书》，经部第139册，齐鲁书社1997年版，第226页。

④ 王源：《左传评》，《四库全书存目丛书》，经部第139册，齐鲁书社1997年版，第226－227页。

闵、僖、成四朝，是鲁国首屈一指的元老重臣，其言行足以左右当时，但其不据当时之礼以止之，所以左氏借孔子的言论对其加以责备。不责备夏公弗忌而责备臧文仲是“又结到别人身上”。以此观之，本文之主是臧文仲，而夏父弗忌是宾则无疑。

以上所论，皆是着重于用宾。用宾之道固如上所云，若是用主，又当若何？“善于文者，用一人或事为贯串，则穿插提顿皆有凭依，此用主之法也”。[①] 如襄公二十六年，《宋公杀其世子痤》：

> 初，宋芮司徒生女子，赤而毛，弃诸堤下，共姬之妾取以入，名之曰弃。长而美。
>
> 平公入夕，共姬与之食。公见弃也而视之尤。姬纳诸御，嬖，生佐，恶而婉。太子痤美而很，合左师畏而恶之。寺人惠墙伊戾为太子内师而无宠。秋，楚客聘于晋，过宋。太子知之，请野享之，公使往。伊戾请从之。公曰：“夫不恶女乎？”对曰：“小人之事君子也，恶之不敢远，好之不敢近，敬以待命，敢有贰心乎？纵有共其外，莫共其内，臣请往也。”遣之。至则坎用牲，加书征之，而骋告公曰：“太子将为乱，既与楚客盟矣。”公曰：“为我子，又何求？”对曰：“欲速。”公使视之，则信有焉。问诸夫人与左师，则皆曰：“固闻之。”公囚太子。太子曰：“唯佐也能免我。”召而使请，曰：“日中不来，吾知死矣。”左师闻之，聒而与之语。过期，乃缢而死。佐为太子。公徐闻其无罪也，乃亨伊戾。
>
> 左师见夫人之步马者，问之。对曰：“君夫人氏也。”

① 张高评：《左传文章义法探微》，台湾文史哲出版社1982年版，第43页。

左师曰："谁为君夫人？余胡弗知？"圉人归，以告夫人。夫人使馈之锦与马，先之以玉，曰："君之妾弃使其献。"左师改命曰"君夫人"，而后再拜稽首受之。

此文以夫人稍带传奇性的人生经历为主线，从其出生遭弃一直叙及其为"君夫人"，前后联络穿插了许多曲折。"此篇前后不过四百言，而宫闱之幽事、嫡庶之相阨、大臣之阴谋、小人之扞陷、骨肉之摧残、庶孽之夺嫡、夫人之行赂、元老之无耻，贯串而下。"① 此中无事不与夫人有关联。文章一线到底，脉络极为分明，而宾主变化又不可谓不测。杀太子者谁？是伊戾、左师、夫人数人合谋而致之于死地。然此三人中又以左师为主："左氏但曰：'公徐闻其无罪也'一语，而伊戾已烹。读者神注伊戾，以为世子之祸，均伊戾肇之。乃不知间间插入一左师，人皆弗觉。太子之狠，左师固恶之；问以盟楚之事，则曰：'固闻之'；及佐急兄难，则又左师聒语以过其期；佐立，又索赂于夫人。种种写左师奸丑，罪甚于伊戾。"② 可以说论文以夫人为主，论事则以左师为主。

"凡能文者，注重其事其人，转以轻笔出之，则在于通篇之关键处着眼，即可反轻而为重。盟楚之事，出诸传闻，太子生死，均在重臣一证。一曰'固闻之'，则太子之狱已定，此于关键处着力也。盖夫人本有夺嫡之心，言'固闻'可也，左师独无罪？则佐已成嗣君，诛左师，不能不兼诛夫人。夫人不可诛也，故左师亦免于祸。中间写太子哀鸣，须佐救己，而左师强聒与话，刻毒已无人理。迨佐承统嗣，左师老而冒利，怏怏于不得酬庸，故调弄圉人，

① 林纾：《左传撷华·宋公杀其世子痤》篇后评，商务印书馆民国十年版。

② 林纾：《左传撷华·宋公杀其世子痤》篇后评，商务印书馆民国十年版。

藉而得贿。文但轻描淡写，左师婪状，跃然形诸纸上，余故曰：此篇写生专写左师，不尽写伊戾也。”① 专写左师，兼写伊戾，而穿插提顿又无不与夫人息息相关，所以说论文以夫人为主，论事以左师为主。

分宾分主是作文常道，而不至于死板，贵在活法。左氏善于宾主之道，是善于在详略、正傍等各种相反相成的关系中合理地利用宾主之间的张力，化腐朽为神奇，活色生香而绝不板滞。

二、开合

明代庄元臣《论学须知》论章法云：“大抵章法之所贵者开合，而开合之所贵者圆融。”开合，是文章最重要的章法之一，开合之法贵在圆融。其又说：“有全篇之大开合，有段落之小开合。大开合则大圆成，小开合则小圆成。使观者入武陵桃源，处处锦烂，仙境宛然，而蹊迳回盘，纡绕屈曲，入时不知来路，出时不知去路，游者爽然自得，而又茫然自失，斯其章法之至神者矣。欲知大开合，当讲欲言而不言之法；欲知小开合，当讲收放之法；而欲知圆成之妙，当讲遮藏头面、参差布置之法。”② 从中可知，开合又有大小之分。

《左传》全篇之大开合，如僖公廿八年，城濮之战。《左绣》评城濮之战曰：“文章妙用全在多作开合，此篇则开合之至奇极变者。如齐秦未可则一开，宋人之畀则一合；楚子入申则一开，伯棼请战则一合；宛春告释又一开，曹卫告绝又一合；至子玉怒晋师竟可合矣，又退三舍着实一开。使读者一闪一闪，急不得就，方才落到次

① 林纾：《左传撷华·宋公杀其世子痤》篇后评，商务印书馆民国十年版。
② 王水照编：《历代文话》（第三册），复旦大学出版社 2007 年版，第 2215 页。

于城濮，以为今而后可以径写战事矣。忽然接写晋侯听诵而疑，则又开；再写梦搏而惧，则又开，然后跌落斗勃请战，晋侯观师，着实一合，而以叙战终焉。一路无数峰峦，层层起伏，文章巨观，其是之谓乎。”① 文章开合有方，方能委曲其情，令人惊奇。庄元臣《论学须知》曰：

> 何谓欲言而不言？凡做文字，必先有个主意，此主意当头就说出，文机便死，后面虽挣得气长，只是奄奄余息，槁然无可观矣。故必迂其途路，多其款曲，由隐之显，由略之详。将欲吐之，又复吞之；将欲示之，又自秘之。直到水穷山尽处，然后曝然倾出本色，一发便收，才能鼓舞人心，竦动眼目。譬如蓄宝之家，必有至宝，观宝者至其门，始则取其未甚珍者示之，不厌，则取其次者示之，又不厌，则取其上珍者示之，而至宝固未出也。俟观者目眩神驰之后，乃始赍箧开缄，拂席焚香，一展而即藏之。此波斯胡之所以叹息而不忍去也。向使客未坐定，而至宝先掀，则其余者，客已闭目而不欲视矣。②

按其所说，则大开合实则是欲言又止，欲止又言，婉曲其词，由隐之显，由略之详，最后才曝出庐山真面目的一种写作方法。开合之法运用得当，可以起到引人入胜的绝妙效果。僖公二十四年，晋文公回国即位之后，赏赐曾经跟随他一起逃亡的人。介之推没有

---

① 冯李骅、陆浩：《左绣》，《四库全书存目丛书》，经部第 141 册，齐鲁书社 1997 年版，第 254 页。

② 王水照编：《历代文话》（第三册），复旦大学出版社 2007 年版，第 2215－2216 页。

提及禄位，禄位也没有给予他。盛于野云：“‘介之推不言禄’，读者晓左氏用此‘不言’二字否？‘二三子以为己力，不亦诬乎’，从对面跌出不言之神；‘况贪天之功以为已力乎’，活画‘不言’神情。‘上下相蒙，难与处矣’，一段俱为‘不言’之空中盘桓。其母曰：‘以死谁怼’，插‘死’字好，借母反击‘不言’，是侧面文字。其母曰：‘亦使知之，若何’，反击‘不言’。对曰：‘言，身之文也。身将隐，焉用文之？是求显也’，才转入不言正面。此四句是写‘不言’正面，以前从对面、侧面、反面曲折写来，至此方活现一‘不言’之正身矣。”① 所谓“对面、侧面、反面”全是开，至末方从正面合起，这就使得文意更加明白，而叙述本身也更加值得耐人寻味。

段落之小开合，如定公十年，武叔聘于齐。《左绣》评云：“齐侯句句居功，武叔总不肯一毫假借。妙在一边以他境衬出敝邑，用一开十合；一边以社稷衬家隶，以天下衬寡君，却作两开两合。”② 段落有开有合，便于衔接照映，“一开十合”“两开两合”，使得叙述条畅而绵密，文章圆成。

小开合讲究收放，庄元臣《论学须知》曰：“故须先收而后放，既放而复收，如葫芦相似，尖其顶而大其颔，大其颔而细其腰，细其腰而大其腹，所以便成佳器。若如东瓜直腹，人何取焉？”③ 有开有合，有收有放，使得文章更加富于节奏感和韵律感，有利于推进叙述的展开。襄公十年，晋国帅诸侯联军攻打偪阳，准备把它作为

---

① 盛大谟：《于野左氏录》，清同治五年字云巢遗稿本。

② 冯李骅、陆浩：《左绣》，《四库全书存目丛书》，经部第141册，齐鲁书社1997年版，第624页。

③ 王水照编：《历代文话》（第三册），复旦大学出版社2007年版，第2216－2217页。

宋国大夫向戌的封邑。战前晋国统帅内部意见并不统一，主帅荀罃在荀偃等人的再三请求下同意出兵。林纾云："伐偪阳，封向戌，是荀偃、士匄少年喜事处。荀罃知其不可，而向戌亦未尝面辞，一留下文二子请班师之伏脉，一留下文向戌不肯之伏脉。盖荀罃明言，而向戌暗中已有成算，故不言也。围之弗克，荀罃言验。而向戌幸亦未领此空头人情，暂时勒住，以待下文之热闹。"① 所谓"暂时勒住"就是"收"。后来果然久攻不下，荀偃等又请求班师回朝，遭到主帅荀罃的训斥和告诫。这是"放"。终于攻下偪阳，晋国把它封给向戌，向戌赶忙辞谢，是"既放而复收"。收放之间，一步一步把故事推向结局，紧凑而自然。

庄公十年，齐鲁战于长勺，曹刿请求为鲁君出谋划策。全文主旨在体现曹刿能深谋远虑（"远谋"），但是偏不直接着笔、"当头说出"。只是先就曹刿之口批评道："肉食者鄙，未能远谋"，接着叙述战前曹刿与鲁君的数次对话，处处都间接反映出曹刿"远谋"的素质。同时也使读者生出无穷的好奇之心：曹刿到底有多大能耐？及战，就鲁君之口引出"将鼓""将驰"，而曹刿只是以两"不可"作简短的回答，无数秘密，耐人寻味。"将欲示之，又自秘之。"直到齐师溃不成军之后，方才从曹刿口中揭开奥秘。"直到水穷山尽处，然后曝然倾出本色，一发便收。"清人盛于埜评此篇云："通篇以'远谋'二字为主。玩下'将鼓''将驰'，是未能远谋，而曹刿所见，乃能远谋。左氏明明如此，却不说破，至末只从曹刿口中写出远谋意，妙绝。"② 所谓"圆成之妙""遮头面""参差布置"皆在其中。

① 林纾：《左传撷华·偪阳之役》篇后评，商务印书馆民国十年版。

② 盛大谟：《于野左氏录》，清同治五年字云巢遗稿本。

隐公元年，左氏通过叙述臣子与郑庄公的几番对话，将郑伯老谋深算的个性揭露无遗，而这几番对话恰恰是一合一开，层层推进的。首先是蔡仲曰：“都，城过百雉，国之害也。先王之制：大都，不过参国之一；中，五之一；小，九之一。今京不度，非制也，君将不堪。”公曰：“姜氏欲之，焉辟害？”这是一合一开。接着蔡仲又对曰：“姜氏何厌之有？不如早为之所，无使滋蔓！蔓，难图也。蔓草犹不可除，况君之宠弟乎？”公曰：“多行不义，必自毙，子姑待之。”这又是一合一开。再接着公子吕曰：“国不堪贰，君将若之何？欲与大叔，臣请事之；若弗与，则请除之，无生民心。”公曰：“无庸，将自及。”又是一合一开。再接着子封曰：“可矣。厚将得众。”公曰：“不义，不暱。厚将崩。”盛于野于此评道：“急马疾车赶来，赶到路绝径隘处，又勒马回车，留住。”① 臣子积虑重重，忧心忡忡，事态已发展至“路绝径隘处”，而庄公却处之泰然，闲庭信步，任由事态发展到几乎不可控制的地步。

四个回合下来，在合与开之间已积蓄了无限的张力和能量。于是，“大叔完聚，缮甲兵，具卒乘，将袭郑，夫人将启之。公闻其期，曰：‘可矣。’”上面积聚的能量至此倾泻尽出，盛于野又评道：“以上四层，俱从旁赶注，至此方用正锋赶出。步步赶，步步留，路留赶到，此句鼓动异常。赶笔似合，留笔似开，他人先开后合，左氏先合后开，故奇。”② 一合一开，层层递进，情势越来越危急，文势也随之高涨。倘若只是平平叙述臣子和郑庄公的态度以及敌对双方战前的准备，则索然寡味。

---

① 盛大谟：《于野左氏录》，清同治五年字云巢遗稿本。

② 盛大谟：《于野左氏录》，清同治五年字云巢遗稿本。

三、奇正

以奇正论文，由来已久。南朝时期的文论家刘勰就曾提出过“执正驭奇”等观点，其所针对的主要是当时的文坛风气。宋孙奕《履斋示儿编·文说》论作文法云：“艮斋先生谢公昌国自起部丐祠归渝上，尝往谒焉。春容浃日，无所不论，因求作文之法，先生曰：‘余少时读昌黎文得四字，取为文法，平生用不尽。’乃跽而请曰：‘四字谓何？’答曰：‘奇而法，正而葩。《易》《诗》之礼，尽在是矣，文体亦不过是。’然文贵乎奇，过于奇则艳，故济之以法。文贵乎正，过于正则朴，故济之以葩。奇而有法度，正而有葩华，两两相济，不至偏胜，则古作者不难到，况今文乎！”① 此说以儒家经典为向导，从文章写作和体制特点等方面辩证地指出了奇正互用、两两相济的原则。

明谭浚《言文》论“变奇”，重在说明“出奇制胜”的道理：“正常有则，变奇无方。正奇虽反，出奇以相成；变常虽异，变通以趋时。文以反正为奇，词以殊常为变。盖青出于蓝而青于蓝，绛通于蒨而绛于蒨，层冰成于积水而凛于积水，大辂始于椎轮而质于椎轮……”② 近人唐文治《国文大义》论文之奇正变化，旨在阐述文章写作要善于利用奇正变化的法则进行创新：“韩子有言：‘《易》奇而法。’鄙人尝沉潜反复于《易》，求所谓奇而法者。《系辞传》云：‘参伍以变，错综其数，通其变，遂成天地之文。’旨哉，斯言！天之文，一阴一阳而已，地之文，一经一纬而已。鸟兽蹄迹，

---

① 王水照编：《历代文话》（第一册），复旦大学出版社 2007 年版，第 441 页。

② 王水照编：《历代文话》（第三册），复旦大学出版社 2007 年版，第 2345 页。

天下之至奇也，而圣人取之以为文，取其迹之纵横而交错也。故明乎参伍错综之数，则知变化矣。知变化则文奇矣。”① 总之，以上这些观点都从不同侧面和程度反映出了奇正互用、两两相济的理论意义。

清王源评点《左传》，以《易》之道为本源，间以《孙子》追求奇正相生的兵法战略为参照来论述文章技巧：

> 文章之妙不外奇正，奇正者兵家之说也。堂堂正正，四头八尾，触处为首，大将握奇于中，偏裨分统乎外，旌旗以方，金鼓以节，昼行夜止，不履险，不临危，遇敌而战，近无速奔，退无遽走，于是锐兵能破，突兵不能冲，伏兵不可陷，追兵不可蹑，当我者破，触我者碎，而我无毫发间隙之可乘，是谓正兵。或掩旗息鼓以误之，或变易服色以乱之，或伏于草莽山林以陷之，或佯北以诱之，或从间道疾驱掩其不备而袭之，或击其西而声东以乖之，或形诸此而出彼以网之，或以骁骑直冲中坚以摧之，或诈降或内间从中以溃之，或断其归路饷道以困之，不以常律，不由轨道，以战则克，以攻则取，百战百胜者，奇兵也。虽然，此特以正为正、以奇为奇之说也。乃正之中有奇，虽正也时忽宜于奇，则一变而为奇；奇之中有正，虽奇也时忽宜于正，则一变而为正。奇正互变，敌则不知吾之正果为正而乖其所之矣，又不知吾之奇果为奇而乖其所之矣。总之，因时制宜，不可为典要，务期克敌制胜而后

① 王水照编：《历代文话》（第九册），复旦大学出版社 2007 年版，第 8211 页。

已。故知正不知奇，兵之所以屡战无功也；知奇不知正，兵之所以一败不可救也。文章之道亦然。如叙一事，叙其起如何，结如何，成与败如何，忠与佞如何，始终次第，有条不紊，是非得失，判然以分者，正兵也。借宾相形也，反笔相射也，忽然中断突然离也，所谓奇兵也。①

《孙子·势篇》说："战势不过奇正，奇正之变，不可胜穷也。""'奇正'的含义具体而言：在兵力部署上，担任正面作战的为正，担任侧面进攻、包围的为奇；担任钳制敌人的为正，担任突击的部队为奇；列阵对敌的为正，集中机动的为奇。在战法上，明攻为正，偷袭为奇；常法为正，变法为奇。"② 王源所着重强调的是"以奇为正，以正为奇"的思想："然而正固人之所易见，奇亦人之所易知。若夫以正为奇，以奇为正，如雷电鬼神变化，不知其何自来何自去何自出何自没，而能不为古人击其所之者，亦寡矣。"③ 排兵布阵要出人意料，使敌人措手不及，方为取胜之道。文章写作要出人意表，不落窠臼，才能使读者耳目一新。

昭公三十年，伍子胥建议吴王对付楚国云"亟肄以罢之，多方以误之"，楚从此以吴为大患。兵法以诡道著称，"文章一道，通于兵法"。清人顾云《钵山谈艺录》论文曰："文莫妙于取势。如兵家意有所注，不遽赴也，必先于不经意处，亟意以罢之，多方以误

① 王源：《左传评》，《四库全书存目丛书》，经部第139册，齐鲁书社1997版，第206－207页。

② 吴承学：《兵法与文学批评》，《文学遗产》，1998年第6期。

③ 王源：《左传评》，《四库全书存目丛书》，经部第139册，齐鲁书社1997年版，第207页。

之，然后卷甲疾趋，直捣所注之区，斯善于取势者。”① 奇正互用，正是文章取势的关键所在。

王源评僖公十五年，《秦晋韩原之战》云：

> 如此文，叙庆郑陷君，正也；而曰‘卜右庆郑，吉’，则奇矣。叙秦获晋侯，正也；而晋失秦伯则奇矣。叙伯姬之请，正也；而大夫之请与公子縶之说，则奇矣。叙晋之丧败，正也；而晋之倔强则奇矣。叙晋侯之归由伯姬，正也；而获由伯姬则奇矣。叙穆公败晋，正也；而不敢轻晋，则奇矣。奇正之变，固已不可端倪，然犹以正为正，以奇为奇也。若夫开手四段，原叙秦伯伐晋之由，非正乎？而穆姬乃救晋侯者也，则第一段固以正为奇矣。叙卜徒父之筮为获晋侯伏案，正也，而晋侯之获乃由马不由车，则卜徒父之筮，又非以正为奇乎？伯姬之请，固正，然使读者翻出意外，非以奇为正乎？秦伯与子桑两段议论，一则曰归晋侯，再则曰许晋平，正也，然所以归晋侯、许晋平者，实伯姬之故，两段议论确实旁文，则又以正为奇矣。叙伯姬之嫁秦，不吉，奇矣，而韩简引诗却结从前多少事故，又非以奇为正乎？盖以正为奇者，其形似正而实奇也，以奇为正者，其形似奇而实正也。故看古人文字，必先辨乎奇正。奇正辨而章法明，章法明则正之奇、奇之正皆不辨自明矣。②

① 王水照编：《历代文话》（第六册），复旦大学出版社 2007 年版，第 5850 页。

② 王源：《左传评》，《四库全书存目丛书》，经部第 139 册，齐鲁书社 1997 年版，第 207 页。

奇、正，或并不难辨，难就难在以正为奇、以奇为正之辨。文章之所以有奇正之分，得从作者的立意看起。“然欲辨奇正之分，先观作者之意，意即将也，兵无将乌合之众耳。恶能正？恶能奇？文无意，杂乱之言耳。乌能正？乌能奇？此文序晋惠公之丧败，全是自作之孽，故‘职竞由人’一语乃通篇之主。而前序其获后序其归，序其获固见其孽由己作，序其归更见其孽由己作。故凡正叙其事者，皆正也。正固正，奇即为奇中之正矣。凡与其事相反者，皆奇也。奇固奇，正即为正中之奇矣。然而读者孰不知晋侯为自作之孽，乃未必明乎奇正之辨者，盖为古人乖其所之也。”① 文有奇正，则能出人意表，新人耳目，使人目迷五色，眼花缭乱，读者只有抓住文章的立意，方能领会其真正的目的。惠公之败完全是咎由自取，鉴戒昭然，而记晋之不亡已暗暗伏下文公之兴，秦不取晋又隐隐预示着穆公将霸。

哀公十三年，黄池之会，吴人打算带着鲁哀公进见晋侯，鲁大夫子服惠伯（景伯）巧妙地利用自己的外交辞令让吴人打消了这样的念头，从而维护了鲁国的尊严。子服惠伯以吴为霸是正，以晋为霸是奇。鲁之利是正，吴、晋之利是奇。而吴、晋之间，吴之利是正，晋之利是奇。吴人放弃原来的打算是正，即刻反悔是奇。子服惠伯立后于鲁是正，听吴命是奇。祝宗之言是正，贱己之身是奇。无损于鲁是奇，只为名是正。囚景伯是正，归景伯是奇。吴之逞强，是正；而不敢一意孤行，则是正中之奇。鲁之孱弱，是正；而能于虎口之中全身而退，则是奇中之正。景伯举王、伯合诸侯所行

① 王源：《左传评》，《四库全书存目丛书》，经部第139册，齐鲁书社1997年版，第207－208页。

惯例，给吴国带来了沉重的压力，是奇；而吴最后放弃原来的打算是由于携鲁朝晋将会抬高晋国矮化自己、直接损害到自身的利益，则前之王、伯合诸侯之说则是以奇为正。吴归景伯固然是正，然毕竟出乎人之意料，则又是以正为奇。而前面吴与晋争执歃血的先后，晋大夫赵鞅观吴王气色不佳，断定其不能沉着耐心地和晋较量，啧啧称奇，最终晋获得先歃血的权利，岂非以奇为正？纵观全篇，“吴、晋争先……乃先晋人”，已暗暗为下文“乃归景伯”伏脉，大势所趋，大意已定，许多奇正变化只是意之表现。

左氏惯用奇正相济之法，又如隐公元年，《郑伯克段于鄢》篇，“庄公是正，考叔是奇；庄公之母是正，考叔之母是奇；庄公之不孝是正，考叔之孝是奇；请京是正，请制是奇；不友是正，有爱是奇；庄公之陷弟是正，群臣之虑公是奇。奇正相生，如循环无端，孰测其奇之所在？孰知其正之所在？”① 奇与正，对立共构，巧妙运用，能使文章展现出无穷的活力和魅力。还如桓公十三年，《楚屈瑕伐罗》篇。“此文莫敖主之，‘心不固’三字断尽莫敖，后邓曼多少议论俱摄于此。而曼却将‘抚小民’‘训诸司’‘威莫敖’三者平说并举以为奇也，又将莫敖独说一段，单抽以为正也。奇正辨而宾主明，宾主明而章法出矣。”② 奇正之间，有宾有主，辨乎奇正，更为利于判定宾主。明乎此，则奇正之辨就不难把握了。

四、擒纵

清何家琪《古文方三种》论“纵擒”云：“亦本兵法，纵愈

---

① 王源：《左传评》，《四库全书存目丛书》，经部第139册，齐鲁书社1997年版，第174页。

② 王源：《左传评》，《四库全书存目丛书》，经部第139册，齐鲁书社1997年版，第185页。

宽，擒愈紧。然扼得定，乃放得开，主意在擒，而兴会波澜在纵，盘控纵送，须穷尽笔势之妙，无不如志。”① 欲擒故纵，兵家之诡道，也是行文之常法。王源论“擒纵”云：“一纵一禽（笔者按，通‘擒’），方可言文。泻水于地，纵而不能禽者也。胶柱鼓瑟，禽而不能纵者也。”② 能擒能纵，行文才能驾轻就熟，文章才能不同凡响。

宣公二年，《晋灵公不君》篇，此文大意在著赵盾（宣子）弑君之罪。林纾云：“通篇中弑君之罪，全在宣子。”③ 文章开首极写晋灵公不君，列举其三大罪行：厚敛雕墙（贪婪），弹人而观其避丸（荒淫），杀宰夫而置诸畚（凶残），是纵。士季进谏，晋灵公口头上说自己知道过错了，打算改进，但是实际上却没有丝毫的改变，且擒又纵。赵盾接着进谏灵公，屡次无效，反而弄得灵公非常讨厌以至派鉏麑去刺杀他，又是一擒一纵。鉏麑不忍刺杀赵盾，就触槐自杀了。晋灵公想在宴席上杀掉赵盾，赵盾的车右提弥明极力保护他，战死了。灵公的护卫灵辄居然倒戈帮助赵盾，“处处借他人写赵盾”④，又是纵。至“赵穿攻灵公于桃园。宣子未出山而复。大史书曰‘赵盾弑其君，以示于朝’”，则将灵公和赵盾双双擒住。随后宣子喊冤，太史对曰：“子为正卿，亡不越竟，反不讨贼，非子而谁”，又是一纵一擒。又引孔子之言结董狐和赵盾，一为良史，一为良大夫，有纵有擒：赞良史旋又惋惜其何出“越竟乃免”之

① 王水照编：《历代文话》（第六册），复旦大学出版社 2007 年版，第 6055 页。

② 王源：《左传评》，《四库全书存目丛书》，经部第 139 册，齐鲁书社 1997 年版，第 275 页。

③ 林纾：《左传撷华·晋灵公不君》篇后评，商务印书馆民国十年版。

④ 王源：《左传评》，《四库全书存目丛书》，经部第 139 册，齐鲁书社 1997 年版，第 275 页。

言；赞良大夫，末又叙其指使赵穿迎立新君，其弑君之心则路人皆知。两两都是欲擒故纵，欲抑先扬。

吴闿生《与李右周进士论左传书》云：“晋伯之衰，赵盾罪之首也。”① 林纾云：“文写宣子忠爱处，却似与宣子初不干涉，得董狐铁笔一书，如力排云翳，仰见皎日，宣子之罪案始定。顾无端插入孔子一言，似不讨贼可以无罪，只斤斤望宣子越竟，即可以免罪，窃疑不类夫子口吻。忆前三十年，亡友郑大令钱为之说曰：‘越晋乃免’，是惜董狐立言失体，不是为宣子宽其罪名。此句承上‘书法不隐’来，谓董狐既有如此铁笔，宣子亡即越竟，宁自免乎？惜者惜其何必作此‘越竟乃免’之言，以乱人意，且不讨贼，即为罪矣，何须越竟？时吾师郑虞臣先生，击节称赏，谓此语恨不令欧公见之。愚细审后文，赵盾使穿迎公子黑肩，是极力为赵穿出脱，此弑君心迹，即无董狐亦足了了。文到妙处，着意处佳，于不着意处亦佳。以上诸节，皆左氏着意笔也。此句则似不着意，而着意正在是间。左氏恶弑君，既大书董狐，又复证以孔子，二者又不足，复清出赵穿迎立新君，以弥天罪恶之人，奉迎乘舆，则为功为罪，识者咸能辨之矣。”② 这就是说，辨乎擒纵，文章的用意自然明了，反之，则一叶障目，不见泰山。

昭公五年，吴王派弟弟蹶由去犒劳楚军，被楚军逮下了，其对楚人的一串回答，故意置自己的生死于度外，处处铺张吴国占卦吉利的事，是纵。又说如果楚国善待使臣，让吴国放松戒备，将对楚国有利等，且纵且擒。楚人于是不杀蹶由，使蹶由诡计得逞，是纵得彻彻底底，擒得稳稳当当。明李腾芳《山居杂著》论文字法第十

---

① 吴闿生撰，白兆麟校点：《左传微》，黄山书社 1995 年版，第 14 页。
② 林纾：《左传撷华・晋灵公不君》篇后评，商务印书馆民国十年版。

九则谈“擒纵”云：“此二法互用，实是一法：欲擒他，须先纵之，使他诸路都走尽，及至无头可奔，然后一手擒住，使他死心塌地，再不想走也。欲放他，须先拏住，使他分毫动弹不得，及至放处，如条鹰驹马，脱然而逝以。”① 且纵且擒是擒纵之变法，欲纵先擒尤见匠心。

襄公二十一年，《邾庶其以漆闾丘来奔》篇，王源评：“此传开手三语立案，下即将庶其撇却，陡入鲁多盗，所谓纵也。武仲以盗不可诘、不能诘，斜冲横骛、顿跌繁驳，然后落到庶其，所谓禽也。正义既毕，又缴转诘盗，则禽而且纵，后幅拓开，又句句正义，则纵而且禽。禽纵自如，文情飞跃。读者当悟其所以能禽能纵之故，而后方知用禽用纵之法。”② 擒是目的，纵是手段；擒是收束，纵是过程。擒纵自如，文章自然出色。

五、映衬

林纾云：“文字之美，美不胜收，然以大势论之，实得一‘偶’字法。何云偶，每举一事，必有对也。”③《左传》叙战诸篇常于两两相对之间，寓胜败之迹，如城濮、鄢陵、韩原等战役，此最显而易见。在平常叙事之中，左氏也往往以两相对比见出褒贬之意。襄公十年，郑国尉止等五族叛乱，子西的父亲子驷、子产的父亲子国都在叛乱中被杀害了。在与叛贼较量的过程中，子西与子产面对同样的情形却以不同的态度、采取不同的方式去应对，不能不说子西

① 王水照编：《历代文话》（第三册），复旦大学出版社 2007 年版，第 2497 页。

② 王源：《左传评》，《四库全书存目丛书》，经部第 139 册，齐鲁书社 1997 年版，第 275 页。

③ 林纾：《左传撷华·鄢陵之战》篇后评，商务印书馆民国十年版。

无能，正是在他的衬托下，子产老练精干、冷静沉着的形象更加鲜明生动，给人留下了深刻的印象。

桓公八年，楚子伐随，“叙少师妙在兼叙季梁，写季梁之忠形少师之佞，写季梁之智形少师之愚”①。僖公二十四年，晋文公即位后，寺人披、头须想方设法求见晋侯、巴结邀赏；而赵姬、介之推却以大局为重、不慕私利。昭公二十七年，“吴子欲因楚丧而伐之……楚师闻吴乱而还”。襄公二十八年，“为宋之盟故，公及宋公、陈侯、郑伯、许男如楚……及汉，楚康王卒。公欲反。叔仲昭伯曰：‘我楚国之为，岂为一人？行也！’……公遂行。宋向戌曰：‘我一人之为，非为楚也……’宋公遂反”。映衬之下，忠奸、善恶、是非、智愚更加分明。

吴闿生论《左传》中的“反射”法云：“庄公之不子，则以颍考叔之孝形之；齐豹之不臣，则以公孙青之谨形之；季孟之怯懦纵敌，则以冉有之义、公孙务人、林不狃之节形之；臧孙纥之无罪，则以东门遂、叔孙侨如之盟首形之。推之崔、庆、栾、高之乱齐，而以晏子正君臣之义；昭公之亡国，而以子家、子主反正之策；言出于此，意涉于彼，如汤沃雪，如镜鉴幽。若此者，皆其相反而益著者也。”② 所谓反射即是反衬，相反相形，对待成文，使文情获得加倍突出的功效。以上皆是从正、反两面平分笔墨，还有一种反衬是只注重于一方渲染，另一方则不待词费而昭然若揭，有“此时无声胜有声”之妙，所谓“目注于此而手写于彼”。

襄公十四年，卫侯因孙文子作乱出奔。“文中满叙卫侯之过，即邻国来吊，亦一似卫侯与孙氏均分其过者，不知文愈写伯玉、子

---

①　王源：《左传评》，《四库全书存目丛书》，经部第139册，齐鲁书社1997年版，第183页。

②　吴闿生撰，白兆麟校点：《左传微》，黄山书社1995年版，第12页。

展、子鲜之明敏忠笃，则孙、宁之罪自相形而见。凡深于文者愈憾其人，愈不攻其恶，但从对面反照，而其恶弥彰。”① 襄公二十四年，楚国进攻郑国。晋国救郑，派张骼、辅跞向楚军挑战，让郑国宛射犬为其驾车。“宛射犬唯为公孙，故目无大国。观其对子太叔曰：‘无有众寡，其上一也’，脱口出一‘上’字，已自表公孙身份，及二子据幄不见，公孙之身分一挫；先自食而后食客，公孙之身分又一挫；客御广车，主皆乘车，公孙之身分又一挫。此时公孙怒极，‘不告而驰’‘弗待而出’，两处均写公孙负气不平。唯其如是，乃益见二子之勇。”向敌军挑战是非常危险的事情，而张骼、辅跞却在战车上专心致志地弹琴，更甚的是驾车的宛射犬因负气没有提前告诉他俩作好准备就直接冲进了楚营，旋又留下张、辅二人自己单独驱车回去。二子一跃上车，边战边退，脱险之后，又蹲在车后的横木上弹琴。惟其如此，张骼、辅跞胜似闲庭信步般的英勇形象才被映衬得淋漓尽致。

又有无意中暗自成对，适成反衬之例。襄公二十一年，“左氏因叙虎之见杀，忽叙及其母，此非闲笔，见叔向母之持家有范，目光明远，益形宣子家范之不明，使其女有背夫杀子之事，此于相形中斥宣子之暗也。”② 但举一事、一人，均有与之相映相衬者，两相比照，格外醒人耳目。总之，左氏善于在映衬对待之中，刻画人物，使之相形益著。

六、离合

我们在前文讲了开合，离合与开合既有联系也有区别。它们都

① 林纾：《左传撷华・卫侯出奔》篇后评，商务印书馆民国十年版。
② 林纾：《左传撷华・晋逐栾盈》篇后评，商务印书馆民国十年版。

是声东击西、言在此而意在彼的表达方式，都能使文章曲折多姿、产生陌生化的美学效果。其主要区别在于：开合侧重于文势张力的制造，离合侧重于文意婉曲的传达，所以离合与开合未尝不能并驾齐驱。

离合是暂时离开原来的话题中心、在文中加入一些看似不太相关的片段，临时性地打散、搅乱文章的命意和布局，避免了直奔主题的草率和平淡，使文章形成一种婉曲、奇杰的美感。明庄元臣《文诀》云：“凡作碎杂文字，贵离多合少，不可只就题上敷衍，必出生平所自得之见，发为议论，使其扶与磅礴，穷变极态之后，然后忽归题上，如以一木飞渡千仞石梁，乃为警策奇杰。”① 这是说要想使文章达到“警策奇杰”的效果，作者必先有一种开放性的创作心理，须在原本的话题中心之外将自己的“自得之见”都添加进来，添加的过程其实就是“离”，待到离得“穷变极态”之后，“忽归题上”，此即“合”，其实质也指出了离合的发散思维与聚合思维并相为用的特点。

清唐彪《读书作文谱》引周安士云：“世间文字，断无句句着题、句句不着题之理，其法在于离合相生。”② 合而未离，则为直木一株，离而不合，则为一盘散沙。离合相生，则生生不息。然离合相生并不意味着一离即合。清王源云：“文之妙在离，离未有不合者也。顾一离便合，此死规耳。曷贵乎？唯其将合复离，又将合又复离，几合矣，终复离。而后蹊径绝焉，局阵奇焉，变化生焉，光怪出焉，恍焉惚焉，无定形焉，杳焉冥焉，不知其所之焉，此则离

① 王水照编：《历代文话》（第三册），复旦大学出版社 2007 年版，第 2282 页。

② 王水照编：《历代文话》（第四册），复旦大学出版社 2007 年版，第 3481 页。

之妙境也。"[①] 这又与庄元臣所谓"离多合少"的理念异曲同工，所谓妙境即离合之间有如若即若离、若离若即的理想状态。如《城濮之战》（僖公廿八年），"此文叙晋文取威定伯既在一战，则文之精神眼目亦在一战，使入手数行，便叙一战，妙境何从生乎？唯于未战之前，叙晋欲战，楚却不战；楚欲战，晋又不战；晋用多少阴谋谲计以图一战，及至将战却又不战；楚负多少雄心横气以邀一战，及至将战却又不战；盘旋跳荡，如此四数方入城濮。及入城濮，又生出无限烟波，只是盘旋，只是跳荡，只是欲战，只是不战，千回万转，方将一战叙出，使读者神荡目摇，气盈魄动。不知手之舞之足之蹈之，而其实不过离中之妙境而已"[②]。在着题之前，各种原委，多方铺设，仿佛要离题而去，千回万转，终究归到正题。

离合有许多形态和变化，前引王源等皆注重从"离"来窥测其中堂奥，其实若从"合"来考察也可领悟到左氏的良苦用心。如《鄢陵之战》（成公十六年），方苞评云："此篇大旨在为三郤之亡、厉公之弑张本，故以范文子之言贯串通篇。"[③] 这就是说，《鄢陵之战》这一篇的宗旨并不在晋楚战斗及胜负本身，而是为晋国即将出现内乱（杀三郤、弑厉公）张本，体现或者说点醒这一宗旨的则是晋国大臣范文子。即写战斗是"离"，著范文子是"合"，故"以范文子之言贯串通篇"。晋侯将伐郑，范文子清楚地认识到生于忧患，死于安乐的道理："若逞吾愿，诸侯皆叛，晋可以逞。若唯郑

① 王源：《左传评》，《四库全书存目丛书》，经部第139册，齐鲁书社1997年版，第222页。

② 王源：《左传评》，《四库全书存目丛书》，经部第139册，齐鲁书社1997年版，第222页。

③ 望溪先生口授，王兆符、程崟传述：《左传义法举要·鄢陵之战》，雍正六年（1728）刊本。

叛，晋国之忧，可立俟也。”如果诸侯都背叛晋国，那么晋国内部势必会团结抵抗，如果没有外部的压力，那么晋国内部的矛盾将会进一步激化：“惟圣人能外内无患。自非圣人，外宁必有内忧，盍释楚以为外惧乎？”所以他在不同场合屡次反对出兵攻郑及楚，尽管如此，战争还是如火如荼地展开了，左丘明不时以范文子来点醒读者：“五月，晋师济河。闻楚师将至，范文子欲反，曰：‘我伪逃楚，可以纾忧。夫合诸侯，非吾所能也，以遗能者。我若群臣辑睦以事君，多矣’”，“六月，晋、楚遇于鄢陵。范文子不欲战。”写范文子即是“归到题上”，直指明年晋国的内乱。

五月三十晦日，楚军在早晨逼近晋军，范文子的儿子范丐提议设计抵挡楚军，范文子训斥道：“国之存亡，天也，童子何知焉！”此等都是离而又合之处。于是左氏极写晋楚双方如何针锋相对、迈向战争的深渊。最后，楚以不败而败，晋侥幸获胜。此时，又见范文子站到晋厉公的马车前语重心长地说：“君幼，诸臣不佞，何以及此？君其戒之！周书曰：‘惟命不于常’，有德之谓。”合而又离，离而复合，若即若离，若隐若现。

唐文治在《国文大义》中论《鄢陵之战》曰：“此篇一离一合，一闪一烁，神光忽隐忽现，可谓至矣。”① 又曰：“周子云：‘太极动而生阳，静而生阴，一动一静，互为其根，两仪立焉。’《周易》之义，阳为实，阴为虚。阴阳者，虚实之分也。学者但知奇偶之分阴阳，而不知虚实之分阴阳。能以虚间实，是即‘阴阳离合法’也。古人云神光离合，乍阴乍阳。惟虚实相间，精气往来，

① 王水照编：《历代文话》（第九册），复旦大学出版社 2007 年版，第 8369 页。

神光自然离合。此其所造，盖几于神矣。”① 这就将“离合”纳入到了二元对立的思维法则中，将离合变化与虚实相间以及阴阳变化的普遍规律联系起来了。那么，从这个意义上来讲，《左传》也体现出了天地之文的精神和变化规律。

七、繁简（详略）

繁简详略之论，历来不乏其说。一般而言文贵简洁。如清刘大櫆《论文偶记》云：“文贵简。凡文笔老则简，意真则简，辞切则简，理当则简，味淡则简，气蕴则简，品贵则简，神远而韩藏不尽则简，故简为文章尽境。”② 繁与简，并不是绝对的，宜辩证地看待。如明代杨慎曰：“论文或尚繁，或尚简。予曰：繁非也，简非也，不繁不简，亦非也。或尚难，或尚易，予曰：难非也，易非也，不难不易，亦非也。繁有美恶，简有美恶，难有美恶，易有美恶，惟求其美而已。故博而能繁，命之曰‘赅赡’，《左氏》、相如是也。”③ 可见，《左传》行文善于处理繁简的关系。王源云：“文欲详繁则病矣，欲简略则病矣。详而不繁，虽千万言，简也；简而不略，虽一二言，详矣。文必详而简，简而详，而无一字之繁之略，方为至文。”④ 简而不略，简而详备，是好的文章所追求的目标。

---

① 王水照编：《历代文话》（第九册），复旦大学出版社 2007 年版，第 8383 页。

② 王水照编：《历代文话》（第六册），复旦大学出版社 2007 年版，第 5792 页。

③ 转引自叶元垲：《睿吾楼文话》，王水照编：《历代文话》（第六册），复旦大学出版社 2007 年版，第 5440 页。

④ 王源：《左传评》，《四库全书存目丛书》，经部第 139 册，齐鲁书社 1997 年版，第 245 页。

近人唐恩溥《学文绪论》其四曰："文无繁简，惟达而已。"又举例论云："晋张辅著论，乃云司马迁叙三千年事，唯五十万言；班固叙二百年事，至八十万言，烦省不同，以此分两人之优劣，此可谓强作解事者矣。夫迁主行文，故其事简；固主纪事，故其语详。繁简之殊，职由于此。况远则论略，近则论详，又其势然也。是以《左传》一书，自隐迄成，时阅八公，为卷十三；自襄迄哀，四公而已，为卷十七，必以繁简为定，则是一人著述，亦有优劣之判矣。"① 繁简当否，要具体问题具体分析。

以上讲的繁简从叙事学的角度来看，即叙事的时间速度，"它是由历史时间的长度和叙事文本的长度相比较而成立的，历史时间越长而文本长度越短，叙事时间速度越快；反之，历史时间越短而文本长度越长，叙事时间就越慢。"② 这种繁简的分野与历史资料搜集的难易程度密切相关。"但更具本质意义的是，时代越远的历史事件对于当前的影响越稀薄，因而可以略述而使叙事时间速度加快。时代越近的历史事件对于当前的影响越切身，因而该详述而使得时间速度变慢。"③ 近人唐文治云："为文繁简之异，及能者与劣者所由判也。如叙一事，劣者叙数千字而始明者，能者可以数百字括之。劣者数百字而始明者，能者可数十字括之。即说理亦然。故后世文之复杂无剪裁者，若以司马迁、班固、韩文公为之，虽数万言，可删作一二千言。而左氏之文，其简洁者尤妙绝千古。"④

总之，前人所论繁简大抵是从表达能力、叙事时间速度和文章

---

① 王水照编：《历代文话》（第九册），复旦大学出版社 2007 年版，第 8744－8745 页。

② 杨义：《中国叙事学》，人民出版社 1997 年版，第 141 页。

③ 杨义：《中国叙事学》，人民出版社 1997 年版，第 143 页。

④ 王水照编：《历代文话》（第九册），复旦大学出版社 2007 年版，第 8205 页。

风格等层面出发的，本章重点要关注的则是《左传》中的繁简互用、对比与变化及其所带来的审美效果。

宣公十二年，晋楚邲之战，楚国许伯为乐伯驾车，摄叔作为车右，向晋军挑战。左氏详细地叙述了挑战之前三人的对话：许伯说："我听说单车挑战，御者疾驰而使旌旗偃倒、迫近敌营，然后回来。"乐伯说："我听说单车挑战，车左用箭射敌，代替御者执掌马缰，御者下车，整齐马匹，整理好马脖子上的皮带，然后回来。"摄叔说："我听说单车挑战，车右进入敌营，杀死敌人折取左耳、抓住俘虏，然后回来。"而叙述挑战的过程只有简短的一句话："皆行其所闻而复。"三人的对话将各自的身份、职责、目的描述得非常清楚，说明他们都非常有信心、勇于胜任自己的角色，详叙之际化虚为实。而叙述其具体行动则极为简略，化实为虚，避免了重复和累赘，不但使文章显得简洁，同时繁简对应、互用，扩展了文章的意蕴空间、活化了文章结构。具体来说，读者可以根据前面化虚为实的提示在后面化实为虚的空旷地带自由驰骋、自行填补，化静态、封闭的文章结构为动态、开放的意义体系。

昭公十四年，楚王派然丹在宗丘选拔检阅西部地区的武装，并且安抚当地的百姓，采取了一系列细致入微的措施。同时，楚王还派屈罗在召陵选拔检阅东部地区的武装，其所作所为左氏只用了三个字来概括："亦如之。"言下之意，即其所采取的措施和屈罗是一样的，繁简搭配使文章变化多姿。

昭公十八年，郑国发生火灾，左氏详细记录了子产所采取的应对方法。与此同时，宋国和卫国也遭遇火灾，并以同样的方法应对灾情，但左氏只以"宋、卫皆如是"包举两国救灾的情形。繁简相应，化堆垛为烟云，文章灵活而不呆板。

文章善用简笔，虽简必繁；善用繁笔，虽繁必简。"或曰：文必以简为贵乎？曰：是不然。昔仲弓有言：‘居敬行简，可以临民。’故善为治者，必以疏节阔目为主；善为文者，亦必以疏节阔目为主。是理有固然矣。然善为治者，能执简御繁而不畏繁；善为文者，亦能执简御繁而更善用繁。即如左氏、司马迁、班固之书，何尝无繁文，特繁而使人不厌耳。且层峦复嶂，伏波潆回，有愈繁而愈俾人喜者。故繁又譬如春之华，简又譬如秋之实，各有佳处。要而言之，善为文者，能繁而使人喜；不善为文者，虽简而亦使人厌。其中阶级之分，殆不可以寻丈计矣。”① 这就是说繁与简都是相对的，要辩证地看，不能简单机械地以繁简论优劣。

方苞评《齐连侯称管至父弑襄公》篇，极赞《左传》善用“隐括”（笔者按，即简略之笔）法：

> 左氏之文有太史公不能及者，如此篇谋乱之始，连称、管至父与无知交，何由合？何以深言相结而为乱谋？连称如何自言其从妹？何由通无知之意于宫中而谋伺襄公之间？若太史公为之曲折叙次，非数十百言莫备，此但以‘因之作乱’及‘使间公’二语隐括，而其中情事不列而自明。作乱之时，连称之妹如何告公出之期？无知与连、管何以部署其家众？何以不袭公于外而转俟其归？何以直入公宫而无阻间？非数十百言莫备，此则一起薙芟，直叙公田。及徒人费之鞭，而以‘走出，遇贼于门’遥接作乱，腾跃而入，匪夷所思。费入告变，襄公与二、三臣仓皇定谋。孟阳如何请以身代诸臣？何以伏公于户下？费与

① 王水照编：《历代文话》（第九册），复旦大学出版社 2007 年版，第 8206 页。

石之纷如如何相誓同命以御贼？非数十百言莫备，此独以‘伏公而后出斗’一语隐括，而其中情事不列而自明，其尤奇变不测者，后无一语及连称之妹，而中间情事皆包孕于‘间公’二字，盖弑谋所以无阻，皆由得公之间也。①

连、管之乱所以能成，主要是外有贼兵，内有间谍。而左氏却将眼光都聚集在齐襄公一边，“此篇叙瓜期不代，则致乱之由也。绌无知僭礼，则孕乱之由也。从妹间公，则助乱之由也。白昼见鬼，则兆乱之由也。遇弑之先，已种种可危。至其殉节者，不过两三小臣，当轴大臣，匪特无讨贼之人，而且无从死之义，不如是寂寞荒凉，亦不见襄公之无道”②，说明种种原因都出自襄公自身。一方面，历史著作要为历史事件寻找出其内在的逻辑；另一方面，“信史”的观念也促使作者只能尽量客观地对历史进行叙述，所以对像“间公”密谋之类的活动不必或者不宜大肆铺张。方氏从文章写作上一针见血地指出了该篇略于“间公”等活动的记录，与史书的写作目的不谋而合。

那么此篇所详写所关注的是什么呢？“夫作乱必有拥戴之人，无知是也。顾不详无知历史，则叙事近突。故入僖公之母弟夷仲年数语，述其所生，述其怙宠，述其见绌，缩成无知一小传，夹入行间，此乱人所必资以为主。更夹入连称女弟，设间公宫，此又乱人所必资以为辅，于是图乱之计已成。乱成又不能无因而发，故突入公子彭生见形一节：初无一字言鬼，从者但曰‘公子彭生也’，作惊怪语，而鬼形已见于白昼。此时若说成公亦惊怪，则文势转平衍

① 望溪先生口授，王兆符、程崟传述：《左传义法举要·齐连侯称管至父弑襄公》，雍正六年（1728）刊本。

② 林纾：《左传撷华·连称管至父之乱》篇后评，商务印书馆民国十年版。

无味，乃见豕而怒，见啼而惧，至于坠车。写得惧处，较从者为甚，以公预怀虞心，从者则坦然，非有冤对之惧也……且叙徒人费死义处，间间带出石之纷如、孟阳二人，不问来历，即知为徒人费之党人。”① 因为有详写和关注到无知、连称女弟等，所以“间公”密谋实已隐隐包含其中，此等笔法有举重若轻之致。用“隐括”“省笔”已将必然之理包括其中，详略互用，语不详而意却彰。林纾云：“浅人以为序事笔墨宜详尽，若果能如是结构，则虽简亦详，虽略亦尽。”② 用最后八字来论此篇，可谓的评。

八、整散

南宋吕祖谦《古文关键》“论作文法”云：“文字一篇之中，须有数行齐整处，须有数行不齐整处。”③ 刘大櫆《论文偶记》云：“文贵参差。天之生物，无一无偶，而无一齐者。故虽排比之文，亦以随势曲注为佳。”④ 清朱景昭《论文刍说》云：“古文排偶整比藏于错综欹侧之中，《左》《国》以来，从无通体散行、意单势孤亦能成文之理。但观古人所传，虽短章寥寥，皆具有奇偶相生、杀活互用之妙，乃至单词间见亦有阴阳向背之势，不细心则不见耳。此事只争苟且不苟且耳，学文者切须留意，学者虽不读书时须常有读书底意思在。”⑤ 冯李骅、陆浩在评点《左传》的过程中也曾竭力

① 林纾：《左传撷华·连称管至父之乱》篇后评，商务印书馆民国十年版。

② 林纾：《左传撷华·连称管至父之乱》篇后评，商务印书馆民国十年版。

③ 王水照编：《历代文话》（第一册），复旦大学出版社 2007 年版，第 236 页。

④ 王水照编：《历代文话》（第六册），复旦大学出版社 2007 年版，第 5794 页。

⑤ 王水照编：《历代文话》（第六册），复旦大学出版社 2007 年版，第 5742 页。

强调其“极参差又极整齐”的行文特点。《左传》整散结合的行文特点可以从两个方面来看，一是显性的，表现为语言形式上的整散相间；一是隐性的，表现为深层意蕴上的参差中有整齐。

《左传》在语言形式上的整散结合直观易知，排比、对偶等手法的运用使文章呈现出散中有整的面貌。如文公六年，左丘明借君子的口吻评价秦穆公，其中有一段将秦穆公与古之王者作对比的话：“古之王者知命之不长，是以并建圣哲，树之风声，分之采物，为之律度，陈之艺极，引之表仪，予之法制，告之训典，教之防利，委之常秩，道之礼则，使毋失其土宜，众隶赖之，而后即命。圣王同之。今纵无法以遗后嗣，而又收其良以死，难以在上矣。”此段文字整散结合，错落有致。昭公二十七年，鲁昭公被迫长年流亡在外，不能归国，季氏专政日久，势力根深蒂固：“有十年之备，有齐楚之援，有天之赞，有民之助，有坚守之心，有列国之权，而弗敢宣也，事君如在国。故鞅以为难。二子皆图国者也，而欲纳鲁君，鞅之愿也，请从二子以围鲁。无成，死之。”此段文字整齐中有参差，活泼自然。僖公三十三年，先轸怒曰：“武夫力而拘诸原，妇人暂而免诸国，堕军实而长寇雠，亡无日矣！”前三句可以看作是排比句式，气势恢宏，但整段又是整散结合，浑然天成。

于鬯《香草谈文》曾注意到《左传》中对偶手法的运用：“《左》‘僖二年传’云：‘晋荀息请以屈产之乘与垂棘之璧，假道于虞。’案：屈，地名，与‘垂棘’对，则止当云‘屈之乘’与‘垂棘之璧’对，故加‘产’字入内，足成四字，又使与‘垂棘’各成两字对偶，又一法也。”① 此是参差中有整齐。庄公十一年，

① 王水照编：《历代文话》（第六册），复旦大学出版社 2007 年版，第 6086 页。

《宋大水》："'言惧''名礼'，本可平对而分讲处，一用偶句，一用单句，以参差为比偶，恰与通体文格相称，细心烹炼之文。"① 此为整齐中有参差。排比、对偶在《左传》中可谓在在皆是，不胜枚举。除整散相间（参差中有整齐，整齐中有参差）外，还有前整后散，如桓公二年，《纳郜鼎》；又有前散后整如襄公三十一年，《卫北宫文子论楚令尹围之威仪》等。此都一望而知，毋庸赘述。

清章学诚称赏《左传》谓："文逐声而遂谐，语应节而遽协。"② 这得益于《左传》在遣词造句上的整散结合。刘大櫆云："文章最要节奏。譬之管弦繁奏中，必有希声窈渺处。"③ 节奏和旋律是紧密联系在一起的，旋律是音乐（管弦）的灵魂，而"在节奏之外，任何一个旋律都是不存在的"④。文章节奏的形成，多缘于形式的重复，对偶、排比等手法的运用无疑增强了文章的节奏感。《文心雕龙·原道》篇云："形立而章成矣，声发则文生矣。"⑤《炼字》篇云："讽诵则绩在宫商，临文则能归字形矣。"⑥ 刘大櫆又云："神气者，文之最精处也；音节者，文之稍粗处也；字句者，文之最粗处也"，"学者求神气而得之音节，求音节而得之字句，思

① 冯李骅、陆浩：《左绣》，《四库全书存目丛书》，经部第141册，齐鲁书社1997年版，第191页。

② 章学诚撰，叶瑛校注：《文史通义校注》，中华书局1985年版，第79页。

③ 王水照编：《历代文话》（第六册），复旦大学出版社2007年版，第5790页。

④ 出自伊·夫·涅斯齐耶夫：《怎样理解音乐》，见薛良编：《音乐知识手册》（续集），中国文联出版公司1988年版，第33页。

⑤ 刘勰著，范文澜注：《文心雕龙注》，人民文学出版社1958年，第1页。

⑥ 刘勰著，范文澜注：《文心雕龙注》，人民文学出版社1958年，第624页。

过半矣。"①《左传》在行文上注重整散的配合，由此而形成后世所谓的对偶、排比等手法，在形式上呈现出一种对称感、层次感、节奏感和韵律感，在音节上也造就了抑扬顿挫、气韵和谐的讽诵效果。

除了用排比、对偶来增强节奏感、韵律感外，《左传》中还用"迭字"法来突出形式上的重复，也显示出作者匠心所在。桓公六年，《楚武王侵随》篇，"整整三'告曰'、五'谓'，其又另以两'谓'字作首尾提束，而多少各极其致，乃整齐中极参差法。历落生动，花团锦簇之文"②。桓公三年，《公子翚如齐逆女》篇：以"四'送之'，一'不送'，总见齐侯之送非礼，笔法整齐中有参差也"③。刘大櫆云："然予谓文而至于字句，则文之能事尽矣。盖音节者，神气之迹也；字句者，音节之矩也。神气不可见，于音节见之；音节无可准，以字句准之。音节高则神气必高，音节下则神气必下，故音节为神气之迹。一句之中，或多一字，或少一字；……则音节迥异，故字句为音节之矩。积字成句，积句成章，积章成篇，合而读之，音节见矣，歌而咏之，神气出矣。"④ 文章字句的多寡，影响到讽诵的音节，进而影响到文气的形成。

在《左传》中还有"乍读似乎参差，熟复乃见整齐"⑤ 的"隐

① 王水照编：《历代文话》（第六册），复旦大学出版社 2007 年版，第 5790－5791 页。

② 冯李骅、陆浩：《左绣》，《四库全书存目丛书》，经部第 141 册，齐鲁书社 1997 年版，第 174－175 页。

③ 冯李骅、陆浩：《左绣》，《四库全书存目丛书》，经部第 141 册，齐鲁书社 1997 年版，第 172 页。

④ 王水照编：《历代文话》（第六册），复旦大学出版社 2007 年版，第 5790－5791 页。

⑤ 冯李骅、陆浩：《左绣》，《四库全书存目丛书》，经部第 141 册，齐鲁书社 1997 年版，第 169 页。

性”情况，元李淦《文章精义》云：“意对处，文却不必对；文不对处，意却著对。”① 这主要表现在意蕴上的对称、对比、呼应等。如闵公二年，《闵公之弑》：

> 初，公傅夺卜齮田，公不禁。秋，八月辛丑，共仲使卜齮贼公于武闱。成季以僖公适邾。共仲奔莒，乃入，立之。以赂求共仲于莒，莒人归之。及密，使公子鱼请。不许，哭而往。共仲曰：“奚斯之声也。”乃缢。闵公，哀姜之娣叔姜之子也，故齐人立之。共仲通于哀姜，哀姜欲立之。闵公之死也，哀姜与知之，故孙于邾。齐人取而杀之于夷，以其尸归，僖公请而葬之。

初一看，此文只是参差不齐，但细加玩味，不难发现，此文将共仲与哀姜合为一传，并且形成了对偶（对称、对比）的效果。冯李骅、陆浩评此篇云：“上半篇写共仲，下半篇写哀姜。两人共事，而于前单写贼公武闱，若与哀姜全无干涉者。到后笔笔串出，便是前疏后密，前暗后明等作法。其间前从公叙起，后即以公作转捩；前陪一成季，后陪一齐人；前写奔莒，后写孙邾；前写缢，后写杀；前写赂归，后写尸归；前写奚斯哭而往，后写僖公请而葬者；两两相准成章，于参差见整齐。”②

又如桓公二年，《纳郜鼎》：“上截‘昭德塞违’并提，下截亦以‘灭德立违’并提，特作对仗以清眉目。前以‘临照百官’起，

① 王水照编：《历代文话》（第二册），复旦大学出版社2007年版，第1175页。

② 冯李骅、陆浩：《左绣》，《四库全书存目丛书》，经部第141册，齐鲁书社1997年版，第207页。

‘临照百官’束，后以‘置其赂器于大庙’起，‘昭违乱之赂器于大庙’束，是每截各为首尾。末以‘君违’、‘谏德’双收应起，又合全篇为首尾。重规叠矩，极变极整，试问古今大作手有能出其范围者否?”① 这即是说在参差变化中也包含对称、呼应的整齐之处。

唐文治在论《长勺之战》（庄公十年）时说：“凡文局度之整齐者，妙在天然绾合。若以斧凿为之，则呆滞不灵矣。此文以‘公曰’‘对曰’三段为第一整齐法，以‘公将鼓之，刿曰未可’‘公将驰之，刿曰未可’为第二整齐法。以‘故克之’‘故逐之’为第三整齐法。皆天然绾合，非出人为。然非得‘肉食者谋之’一段点缀在前，则此文便索然无味。此等处学者宜善自领会。”② 可见，《左传》的整散变化皆出于自然，是“义”之不得不然。

---

① 冯李骅、陆浩：《左绣》，《四库全书存目丛书》，经部第 141 册，齐鲁书社 1997 年版，第 170 页。

② 王水照编：《历代文话》（第九册），复旦大学出版社 2007 年版，第 8249 页。

参考文献

著作类

白寿彝：《中国史学史》（第一册），北京出版社 1999 年版。

陈骙：《文则》，王水照编：《历代文话》（第一册），复旦大学出版社 2007 年版。

褚傅诰：《石桥论文》，王水照编：《历代文话》（第十册），复旦大学出版社 2007 年版。

陈衍：《石遗室论文》，王水照编：《历代文话》（第七册），复旦大学出版社 2007 年版。

陈来：《宋明理学》，生活·读书·新知三联书店 2011 年版。

陈仁锡编：《续古文奇赏》三十四卷，《四库全书存目丛书》，集部第 353 – 354 册，齐鲁书社 1997 年版。

陈才训：《源远流长：论〈春秋〉〈左传〉对古典小说的影响》，中国社会科学出版社 2008 年版。

褚斌杰：《中国古代文体概论》，北京大学出版社 1990 年版。

邓荧辉：《两宋理学美学与文学研究》，华中师范大学出版社 2007 年版。

韩愈著，马其昶校注：《韩昌黎文集校注》，上海古籍出版社 1986 年版。

何文焕辑：《历代诗话》，中华书局1981年版。

何家琪：《古文方三种》，王水照编：《历代文话》（第六册），复旦大学出版社2007年版。

黄觉弘：《〈左传〉学早期流变研究》，中国社会科学出版社2010年版。

顾栋高：《春秋大事表》，中华书局1993年版。

顾云：《盋山谈艺录》，王水照编：《历代文话》（第六册），复旦大学出版社2007年版。

高塘集评：《高梅亭读书丛钞·左传钞》六卷，华东师范大学图书馆藏稀见丛书汇刊第15－16册，北京图书馆出版社2006年版。

归有光：《文章指南》，《四库全书存目丛书》，集部第315册，齐鲁书社1997年版。

葛兆光：《中国思想史》，复旦大学出版社1998年版。

范宁注，杨士勋疏：《春秋穀梁传注疏》，上海古籍出版社1990年版。

冯李骅、陆浩：《左绣》，《四库全书存目丛书》，经部第141册，齐鲁书社1997年版。

方苞：《左传义法举要》，雍正六年刊本。

范文澜：《中国通史》，人民出版社1987年版。

傅延修：《先秦叙事研究——关于中国叙事传统的形成》，东方出版社1999年版。

金圣叹：《唱经堂左传释》，凤凰出版社2009年版。

姜炳璋辑评：《读左补义》，《四库全书存目丛书》，经部143－144册，齐鲁书社1997年版。

李道平：《周易集解纂疏》，中华书局1994年版。

刘勰著，范文澜注：《文心雕龙注》，人民文学出版社1958

年版。

柳宗元：《柳河东集》，中华书局上海编辑所 1960 年版。

刘知幾撰，浦起龙释，吕思勉评：《史通》，上海古籍出版社 2008 年版。

李文渊：《左传评》，《四库全书存目丛书》，经部第 145 册，齐鲁书社 1997 年版。

陆淳：《春秋集传纂例》，《景印文渊阁四库全书》，经部第 146 册，台湾商务印书馆 1986 年版。

凌稚隆辑著：《春秋左传注评测义》，《四库全书存目丛书》，经部第 126－127 册，齐鲁书社 1997 年版。

吕祖谦：《古文关键·看作文法》，王水照编：《历代文话》（第一册），复旦大学出版社 2007 年版。

李淦：《文章精义》，王水照编：《历代文话》（第二册），复旦大学出版社 2007 年版。

李腾芳：《文字法》，王水照编：《历代文话》（第二册），复旦大学出版社 2007 年版。

李绂：《秋山论文》，王水照编：《历代文话》（第四册），复旦大学出版社 2007 年版。

刘熙载：《游艺约言》，王水照编：《历代文话》（第六册），复旦大学出版社 2007 年版。

刘熙载：《艺概》，上海古籍出版社 1978 年版。

刘海峰：《论文偶记》，王水照编：《历代文话》（第六册），复旦大学出版社 2007 年版。

林纾：《文微》，王水照编：《历代文话》（第七册），复旦大学出版社 2007 年版。

林纾：《左传撷华》，商务印书馆民国十年版。

来裕恂：《汉文典·文章典》，王水照编：《历代文话》（第九册），复旦大学出版社 2007 年版。

刘师培：《汉魏六朝专家文研究》，王水照编：《历代文话》（第十册），复旦大学出版社 2007 年版。

刘祜编：《文章正论》，《四库全书存目丛书》，集部第 309 册，齐鲁书社 1997 年版。

李渔：《闲情偶寄》，云南人民出版社 2016 年版。

梁启超：《梁启超讲国学》，凤凰出版社 2008 年版。

李泽厚：《实用理性与乐感文化》，生活·读书·新知三联书店 2005 年版。

李泽厚：《中国古代思想史论》，安徽文艺出版社 1994 年版。

罗钢：《叙事学导论》，云南人民出版社 1994 年版。

罗军凤：《清代〈春秋左传〉学研究》，人民出版社 2010 年版。

穆文熙辑：《春秋左传评苑》，《四库存目丛书》，子部第 163 册，齐鲁书社 1997 年版。

蒲松龄著，冯镇栾评：《聊斋志异冯镇峦批评本》，岳麓书社 2011 年版。

潘万木：《〈左传〉叙述模式论》，华中师范大学出版社 2004 年版。

蒲安迪：《中国叙事学》，北京大学出版社 1996 年版。

钱锺书：《管锥编》，中华书局 1986 年版。

瞿林东：《中国史学史纲》，上海人民出版社 1986 年版。

任昉撰，陈懋仁注：《文章缘起注》，王水照编：《历代文话》（第三册），复旦大学出版社 2007 年版。

热拉尔·热奈特：《叙事话语　新叙事话语》，中国社会科学出版社 1990 年版。

孙星衍撰，陈抗、盛冬铃点校：《尚书今古文注疏》，中华书局1986年版。

孙奕：《履斋示儿编·文说》，王水照编：《历代文话》（第一册），复旦大学出版社2007年版。

孙万春：《缙山书院文话》，王水照编：《历代文话》（第六册），复旦大学出版社2007年版。

盛大谟：《于野左氏录》，清同治五年字云巢遗稿本。

恩斯特·卡西尔著，甘阳译：《人论》，西苑出版社2003年版。

沈玉成、刘宁：《春秋左传学史稿》，江苏古籍出版社1992年版。

沈玉成译：《左传译文》，中华书局1981年版。

孙绿怡：《〈左传〉与中国古典小说》，北京大学出版社1992年版。

谭浚：《言文》，王水照编：《历代文话》（第三册），复旦大学出版社2007年版。

唐文治：《国文大义》，王水照编：《历代文话》（第九册），复旦大学出版社2007年版。

唐恩溥：《文章学·学文绪论》，王水照编：《历代文话》（第九册），复旦大学出版社2007年版。

唐顺之编选：《文编》六十四卷，《景印文渊阁四库全书》，集部第1377－1378册，台湾商务印书馆1986年版。

谭家健：《先秦散文艺术初探》，首都师范大学出版社1995年版。

魏禧撰，彭家屏参订：《左传经世钞》二十三卷，《续修四库全书》，经部第120册，上海古籍出版社2003年版。

汪道昆撰，周光镐注：《春秋左传节文注略》十五卷，《四库未收书辑刊》第 2 辑第 10 册，北京出版社 2000 年版。

汪中：《述学》，《清经解》（第五册），上海书店出版社 1988 年版。

吴楚材、吴调侯选：《古文观止》，中华书局 1959 年版。

吴讷：《文体明辨序说》，王水照编：《历代文话》（第二册），复旦大学出版社 2007 年版。

吴曾祺：《涵芬楼文谈》，王水照编：《历代文话》（第七册），复旦大学出版社 2007 年版。

吴曾祺：《左传菁华录》二十四卷，商务印书馆 1926 年版。

吴闿生撰，白兆麟校注：《左传微》，黄山书社 1995 年版。

王源：《左传评》十卷，《四库全书存目丛书》，经部第 139 册，齐鲁书社 1997 年版。

王国维：《观堂集林》，中华书局 1959 年版。

王靖宇：《中国早期叙事文研究》，上海古籍出版社 2003 年版。

许慎：《说文解字》，中华书局 1985 年版。

徐元诰撰，王树民、沈长云点校：《国语集解》，中华书局 2002 年版。

徐师曾：《文章辨体序说》，王水照编：《历代文话》（第二册），复旦大学出版社 2007 年版。

薛福成撰：《论文集要·论文偶记》，王水照编：《历代文话》（第六册），复旦大学出版社 2007 年版。

徐昂：《文谈》，王水照编：《历代文话》（第九册），复旦大学出版社 2007 年版。

徐乾学编选：《御选古文渊鉴》六十四卷，《景印文渊阁四库全书》，集部第 1417－1418 册，台湾商务印书馆 1986 年版。

徐岱：《小说叙事学》，中国社会科学出版社 1992 年版。

颜之推：《颜氏家训》，中华书局 2007 年版。

虞世南：《北堂书钞》，中国书店 1989 年版。

杨伯峻：《春秋左传注》，中华书局 2009 年版。

姚鼐：《古文辞类纂》，岳麓书社 1988 年版。

杨树达：《老子古义》，上海古籍出版社 1992 年版。

叶元垲：《睿吾楼文话》，王水照编：《历代文话》（第六册），复旦大学出版社 2007 年版。

于鬯：《香草谈文》，王水照编：《历代文话》（第六册），复旦大学出版社 2007 年版。

永瑢等撰：《四库全书总目》，中华书局 1965 年版。

杨绳武编：《文章鼻祖》，《四库全书存目丛书》，集部第 408 册，齐鲁书社 1997 年版。

杨义：《中国古典小说史论》，中国社会科学出版社 1995 年版。

杨义：《中国叙事学》，人民出版社 1997 年版。

左丘明传，杜预注，孔颖达疏，陆德明音义：《春秋左传注疏》，《景印文渊阁四库全书》，经部第 143 册，台湾商务印书馆 1986 年版。

钟惺评：《春秋左传》三十卷，《四库全书存目丛书》，经部第 126 册，齐鲁书社 1997 年版。

曾国藩纂：《经史百家杂钞》，岳麓书社 1987 年版。

朱彝尊：《经义考》，《景印文渊阁四库全书》，经部第 679 册，台湾商务印书馆 1986 年版。

庄元臣：《论学须知》，王水照编：《历代文话》（第二册），复旦大学出版社 2007 年版。

朱景昭撰：《论文刍说》，王水照编：《历代文话》（第六册），复旦大学出版社 2007 年版。

左培：《书文式·文式》，王水照编：《历代文话》（第四册），复旦大学出版社2007年版。

张秉直：《文谈》，王水照编：《历代文话》（第五册），复旦大学出版社2007年版。

斋藤正谦：《拙堂文话》，王水照编：《历代文话》（第十册），复旦大学出版社2007年版。

真德秀辑评：《文章正宗》，《景印文渊阁四库全书》，集部第1355－1356册，台湾商务印书馆1986年版。

章学诚著，仓修良编注：《文史通义新编新注》，浙江古籍出版社2005年版。

章学诚著，叶瑛校注：《文史通义校注》，中华书局1985年版。

周振甫：《文章例话》，中国青年出版社1983年版。

周振甫：《中国文章学史》，中国文联出版公司1994年版。

周振甫：《中国修辞学史》，商务印书馆2004年版。

赵伯雄：《春秋学史》，山东教育出版社2004年版。

张立文：《朱熹研究》，中国社会科学出版社1981年版。

张高评：《〈左传〉之文学价值》，台湾文史哲出版社1990年版。

张高评：《〈左传〉文章义法探微》，台湾文史哲出版社1982年版。

张高评：《〈左传〉之文韬》，丽文文化事业公司1994年版。

张高评：《〈左传〉之武略》，丽文文化事业公司1994年版。

张高评：《春秋书法与〈左传〉学史》，上海古籍出版社2005年版。

论文类

陈志宏：《〈左传〉的叙事与解释》，台湾成功大学博士学位论文。

戴伟华：《史、文、兵学视野中的唐代〈春秋左传〉学》，《深圳大学学报》（人文社会科学版），2007 年第 3 期。

傅希亮：《道德史观与〈左传〉文学研究》，首都师范大学博士学位论文，2004 年。

方铭：《〈左传〉的叙事方式与文体特征再认识》，《文艺研究》，2009 年第 2 期。

郭丹：《〈左传〉与两汉经学》，《福建师范大学学报》（哲学社会科学版），1997 年第 1 期。

韩猛：《〈左传〉叙事的时间观念浅析》，《济南大学学报》，2004 年第 3 期。

韩红芹：《〈左传〉战争篇章的叙事艺术研究》，华中师范大学硕士学位论文，2008 年。

黄建军：《康熙论〈左传〉的辞令》，《理论界》，2007 年第 4 期。

何爱英：《〈左传〉文体特征及其文化意蕴》，河南大学硕士学位论文，2001 年。

刘凤侠：《〈左传〉的叙事学研究》，山东大学硕士学位论文，2007 年。

李卫军：《〈左传〉评点研究》，华东师范大学博士学位论文，2008 年。

刘宗棠：《清代〈左传〉文献研究》，山东大学博士学位论文，2008 年。

罗军凤:《走出疑古时代的〈左传〉研究——近三十年来〈左传〉研究述评》,《文学前沿》,2007 年夏卷。

宁登国:《论〈国语〉〈左传〉的谏体文学特征》,《殷都学刊》,2008 年第 2 期。

毛振华:《〈左传〉赋诗研究百年评述》,《湖南大学学报》,2007 年第 4 期。

莫砺锋:《〈左传〉人物描写对〈史记〉的影响》,《南京大学学报》,1983 年第 4 期。

刘继保:《中国古代小说起源于〈左传〉》,《中州学刊》,2004 年第 1 期。

宁登国:《论〈国语〉〈左传〉的谏体文学特征》,《殷都学刊》,2008 年第 2 期。

曲景毅:《论李德裕的公文创作与〈左传〉、〈汉书〉之关系》,《江淮论坛》,2009 年第 4 期。

史继东:《〈左传〉叙事观念及叙事艺术研究》,陕西师范大学硕士学位论文,2007 年。

孙立:《先秦两汉典籍中所见之小品文》,《齐鲁学刊》,1999 年第 5 期。

谭家健:《〈左传〉的美学思想》,《文学遗产》,2010 年第 3 期。

陶运清:《〈左传〉的叙事特色——以战争为中心的考察》,郑州大学硕士学位论文,2006 年。

滕桂花:《从描写战争看左传的文学成就》,《伊犁师范学院学报》,2001 年第 1 期。

王晓敏:《唐代〈左传〉学研究》,河南大学硕士学位论文,2005 年。

王海燕：《论〈左传〉历史文本中文学因素的发生：以〈国语〉的相近记载为参照》，北京大学博士学位论文，2003 年。

汪春泓：《关于“文章学”与“文学批评”的思考》，《湘南学院学报》，2004 年第 3 期。

王水照、慈波：《宋代：中国文章学的成立》，《复旦学报》（社会科学版），2009 年第 2 期。

吴承学：《生命之喻——论中国古代文学艺术关于人化的批评》，《文学评论》，1994 年第 1 期。

吴承学：《兵法与文学批评》，《文学遗产》，1998 年第 6 期。

吴承学：《先秦盟誓及其文化意蕴》，《文学评论》，2001 年第 1 期。

吴长庚：《〈左传〉与中国古代小说的起源》，《上饶师范学院学报》，1982 年第 1 期。

杨小明：《〈左传〉中的内乱描写及其文学价值》，内蒙古大学硕士学位论文，2009 年。

印宁波：《宋代〈左传〉学三议》，四川大学硕士学位论文，2004 年。

易平：《〈左传〉中的传记雏形》，《安徽师范大学学报》，1982 年第 4 期。

张卫中：《试论〈左传〉的文学性》，《杭州大学学报》，1990 年第 3 期。

张懿奕：《中西叙事理论视域中的〈左传〉叙事研究回顾》，《辽宁师范大学学报》（社会科学版），2011 年第 1 期。

张茂华、孙良明：《中国文章学篇章结构分析的产生——谈古代注释书释义内容在唐宋时代的一个大发展》，《古籍整理研究学刊》，2010 年第 2 期。

赵长征：《20 世纪〈左传〉研究概述》，《文史知识》，2000 年第 10 期。

曾广开：《从〈左传〉看春秋时期的文学观》，《河南大学学报》（哲学社会科学版），1989 年第 2 期。